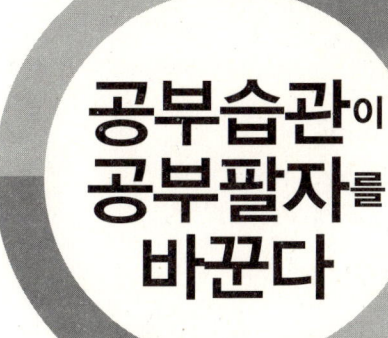

공부습관이
공부팔자를
바꾼다

초판	1쇄 인쇄	2011년 1월 17일
	1쇄 발행	2011년 1월 24일

지은이 박인연
펴낸이 이기섭
편집인 최광렬
책임편집 신호승
교정교열 김자영
마케팅 조재성, 성기준, 한성진
관리 김미란, 장혜정
디자인 DesignZoo
표지사진 오계옥

펴낸곳 한겨레출판(주)
등록 2006년 1월 4일
주소 121-750 서울시 마포구 공덕동 116-25 한겨레신문사 4층
전화 02-6383-1602~3
팩스 02-6383-1610
홈페이지 www.hanibook.co.kr
이메일 edu@hanibook.co.kr

ⓒ 박인연, 2011

* 값은 표지에 있습니다.
* 파본이나 잘못된 책은 서점에서 교환하여 드립니다.

ISBN 978-89-8431-443-6 13370

* **한겨레에듀**는 한겨레출판(주)의 교육출판 브랜드입니다.

공부습관이 공부팔자를 바꾼다

박인연 지음

한겨레에듀

책머리에

공부습관이
공부팔자를 바꾼다

　책 제목에 대한 이야기부터 해야 할 것 같다. 그것이 결국 이 책을 쓰게 된 동기이자 목적이고, 지난 20년 간 교육 컨설턴트로 일하며 쌓아온 경험을 토대로 이 책에서 꼭 말하고 싶었던 내용을 요약한 것이기 때문이다.
　그동안 약 5000명 정도의 학생들에게 교육 컨설팅을 하면서 느낀 나의 교육철학은 한마디로 '공부는 팔자'라는 것이다. 선천적으로 공부를 잘할 수 있는 아이가 있는가 하면, 못하는 게 당연한 아이가 있다는 말이다. 이 말에 황당해하는 독자 분들도 있을 것이다. "뭐야 이거, 공부 잘하는 방법을 알려주는 줄 알았더니 다 팔자라고? 처음부터 타고난다고? 그럼 뭘 어떡하라는 거야?"
　내가 정작 강조하고 싶은 건 그 다음이다. 공부는 팔자지만 이 팔자는 바꿀 수 있다는 것이다. 어떻게? 부모가 아이의 선천적 능력과 성격을 정확히 이해하고, 그리하여 거기에 맞춰 장기적인 계획을 짜고 전략적으로 학습 방향을 잡고 이끌어 나간다면 내 아이의 공부 팔자는 언제라도 달라진다. 물론 말만큼 쉽지는 않다. 무엇보다도, 아이의 공부 팔자를 바꾸려면 부모가 먼저 변해야 한다.

상담을 하면서 나는 종종 내가 하는 일을 이렇게 비유한다. "나는 대학병원의 건강증진센터 원장이다." 왜일까? 아이의 학습 문제 및 가능성을 정확히 진단해 그 아이에게 맞는 처방을 내려주기 때문이다. 교육 컨설팅에서 중요한 것은 검사를 통한 진단보다도 그 진단을 통해 내려지는 처방, 즉 솔루션이다. 어떻게 공부해야 하는지, 무슨 학원을 다녀야 하는지, 왜 공부를 해도 성적이 오르지 않는지, 어떤 직업을 가져야 하는지 등등을 구체적으로 제시해야 한다.

이쯤에서 생각해볼 것이 '아이의 선천성'이 정확히 무엇을 의미하는가이다. 내가 말하는 선천성은 우리가 흔히 머리 좋고 나쁨을 말할 때 쓰는 아이큐(지능지수)가 아니다. 아이큐는 한 사람의 지적 능력을 재는 데 지극히 일부의 기준이 될 뿐이다. 그 사람만의 특성, 잠재력, 사회적 성공 가능성을 제대로 살피려면 좀 더 다양한 선천성을 고려해야 한다.

예를 들어보자. 학생들의 학습 능력을 구분할 때 보통 어휘력, 수리력, 추리력, 공간지각력으로 나눈다. 이 중에서 가장 중요한 것이 공간지각력이다. 공간지각력은 시각 정보를 관찰하는 능력으로서 이것이 좋으면 확산적 사고를 잘하고 외부 세계에 대한 관심과 창의력 수준도 높다. 단순한 공부벌레보다 창의력이 있는 인재를 요구하는 요즘 사회의 추세와도 맞는다.

공간지각력을 중시하는 건 이런 장점 때문만은 아니다. 이 능력이 다른 능력에 비해 선천성이 크다는 것, 즉 다른 능력들에 비해 후천적 노력을 통해 끌어올리기 쉽지 않다는 것이 한 이유이고, 다른 능력들을 보완하고 조화시키는 데 기본적인 역할을 한다는 것이 또 한 이유이다.

그러면 이렇게 중요한 공간지각력이 좋은 아이는 공부를 잘할까? 현실적으로는 오히려 반대다. 공간지각력이 좋으면 외부에 대한 관심이 많아 수업을 하면서도 운동장에서 나는 소리나 복도에 지나가는 사람들에 관심을 두고, 등교 시에는 주변의 색다른 것에 눈을 돌리느라 지각하기 일쑤다. 또 스스로 느끼고 체험한 일을 기억하는 능력은 뛰어나지만, 단어를 외우는 식의 반복적인 학습과 단순 암기에는 흥미가 없어 성적을 올리는 것이 쉽지 않다.

그렇다고 공간지각력 수준이 낮아야 공부를 잘한다는 것도 아니다. 다른 능력이 좋아도 공간지각력이 떨어지면 학업 성취도에 한계가 있다. 전체를 통찰하는 확산적 사고가 부족하기 때문이다. 따라서 상위권 학생 중 공간지각력이 뛰어난 학생은 상대적으로 약할 수 있는 수학 과목에 비중을 두어야 하고, 공간지각력 수준이 상대적으로 낮은 학생은 언어 과목에 더 신경을 써야 한다. 결국 앞의 4가지 능력이 고루 발달하는 게 가장 좋고, 한두 가지 능력의 수준이 지나치게 높거나 낮으면 그것을 보완하고 개선할 어떤 방법을 찾아야 한다.

그렇게 점검하기로 하면 가장 먼저 살펴보아야 할 것이 뇌 기능이다. 뇌는 좌뇌와 우뇌로 나누어진다. 좌뇌는 순차적 사고, 언어능력, 수리 능력, 추리 능력과 같은 이성적 능력을 지배하고, 우뇌는 확산적 사고, 창의력, 직관력, 감성, 통합 능력 등을 지배한다.

공간지각력은 우뇌와 관계가 있다. 어릴 때는 대부분 우뇌가 잘 활성화되어 있다. 호기심이 많아 이것저것 귀찮을 정도로 물어보고, 어른들은 생각지도 못할 기발한 비유 능력과 놀라운 관찰력을 갖고 있다. 어른들이 무심코 놓아둔 열쇠를 아이들이 족집게 무당처럼 찾아준 경험들이 있을 것이다. 어린이뿐만 아니라 우리나라 사람들은 전반적으로 우뇌가 활성화되어 있다. 이러한 우뇌형은 일반적으로 완전 우뇌형, 강한 우뇌형, 이과성 우뇌형, 좌뇌형으로 나눌 수 있다.

초등학교 저학년까지는 이런 우뇌형이 공부를 더 잘한다. 문제가 단순하므로 직관적인 파악만으로도 빠르고 정확하게 답을 얻어낸다. 그러나 학습을 구조화하고 체계화하기 시작하는 5학년 이후부터는 좌뇌형이 공부를 더 잘한다. 그런데 고등학교, 대학교로 올라가면 좌뇌를 이용한 접근만으로는 다시 한계에 부딪히게 된다. 질문의 의도를 통찰해야 하는 서술형 문항이 많아지고, 단순한 수리연산보다는 창의적 응용이 필요한 과제가 주어지기 때문이다. 따라서 공부를 잘하려면 특성상 가장 대립된다고 볼 수 있는 공간지각력과 수리력의 상관관계를 비롯해 여타 다른 능력을 정확히 파악해야만 한다. 그리고 이런 능력들을 조화시키는 방법을 찾아야 한다.

부모들은 대개 당장의 성적에 급급해 어릴 때부터 아이들의 수리력을 향상시키는 데 주로 신경을 쓴다. 그러면 아이의 뇌는 좌뇌 중심으로 발달해 순차적인 사고는 잘하지만 사고의 틀이 고지식하고 자기가 좋아하는 것만 하려 하기 때문에 창의력이 부족해진다. 반면 우뇌형 아이들은 학습을 할때 한 번 보고 다 봤다고 생각하고 대충 공부하기 때문에 반복학습을 싫어하며, 학습 태도도 산만하고 단계적인 습득 능력이 약해 좋은 성적을 올릴 수 없다. 그래서 엄마의 성격이 강하면 우뇌형 아이에게는 부정적 영향을 미칠 수 있고, 좌뇌형 아이에게는 긍정적 영향을 미칠 수 있는 것이다.

아이의 뇌가 좌우 어느 성향인가에 따라 어릴 때부터 독서지도 방법도 달라져야 한다. 독서는 모든 공부의 기초이지만 무조건 많이 읽는다고 좋은 게 아니다. 공간지각력이 뛰어난 우뇌형 아이가 감성적인 책만 읽으면 사고가 점점 우뇌형이 되어 체계적인 학습을 지루해할 수 있다. 수리력이 좋은 아이가 위인전이나 과학 도서에만 치중하면 자유로운 상상력이 고갈되어 창의적 응용에 한계를 보인다. 이런 아이는 꾸준한 읽기와 함께 비판적 사고를 키우도록 해야 한다. 이처럼 아이의 뇌가 우뇌형인지 좌뇌형인지에 따라 그것을 보완하고 균형을 잡아줄 독서가 필요하다.

이런 문제는 진로를 선택하는 문제와도 연결된다. 앞으로는 모든 학교에서 창의적 체험 활동을 하게 돼 있다. 이 체험 활동을 통해 아이들은 창의성을 계발하며 진로 탐색의 기회를 갖게 된다. 우리가 공부에 신경 쓰는 건 결국 미래에 행복해지기 위해서 아닌가. 우리 아이는 어떤 길로 나아가야 자신의 능력을 가장 잘 발휘할 수 있고, 성공할 수 있고, 행복해질까?

지금은 대학에 들어가는 방법만 2만 가지가 넘는 시대다. 앞으로 입학사정관제가 정착되면 아이들은 자기가 가장 잘할 수 있고 스스로 관심을 둔 분야에 승부를 걸어야 한다. 되도록 일찍 진로를 선택해 그에 따라 학습 로드맵을 짜고 포트폴리오도 만들어가야 한다.

이때 중요한 게 진로 탐색이다. 진로는 자신의 적성과 성격, 지식, 주위 환경 등 여러 요소를 고려해 신중하게 결정해야 한다. 진로 탐색에서는 전문적인 연구를 거쳐 만들어진 다양한 자료 문항을 통해 진로 적성을 현장형, 탐구형, 예술형, 사회형, 진취형, 사무형 등 6가지 유형으로 나눈다.

이 중 하나로 결정하는 게 아니라 6가지 유형 각각에 등급을 매기고, 그 상관관계를 면밀히 분석해 적합한 학과와 직업군을 예측한다. 이 중에서도 진취형은 대상자의 특성을 분석하는 데 다른 유형과 가장 역동적인 관계가 있어 핵심 요인이 된다.

진취형은 '개인이나 조직의 목적을 위해 다른 사람을 지도, 통제, 설득하는 활동을 선호'하는 유형이다. 진취형 지수가 높은 아이는 기본적으로 자신감이 많다. 어느 직업에서든 자신감은 가장 필요한 핵심 요소일 수밖에 없으므로 이 진취형 지수와 다른 유형 지수의 상관관계가 중요하다. 예를 들어 진취형 지수는 높은데 사회형(조화와 배려, 더불어 일하는 걸 좋아하는 유형) 지수가 낮으면 독선적이 된다. 타인의 사정을 배려하지 않고 무조건 자신을 따르라고 지시하기 때문이다. 진취형 지수가 높으면서 사무형(세부적인 작업을 체계적으로 하는 활동을 선호하는 유형) 지수가 낮으면 성실하지 않은 사람이라 할 수 있고, 진취형 지수가 낮으면서 사무형 지수만 높으면 남이 시키는 일만 잘하는 수동적인 사람이라고 할 수 있다.

이처럼 진취형 지수는 아이의 직업 적성을 예측하는 데 있어 사무형, 사회형 지수와 밀접한 관계가 있다. 이 점은 다른 유형들 상호 간에도 마찬가지다. 예를 들어 탐구형 지수가 높으면 지적 호기심이 많다는 것으로 전문직이 적성에 맞는다고 할 수 있는데, 여기에 사회형이나 사무형, 또 현장형 지수가 어느 정도인가에 따라 구체적으로 어떤 전문직이 가장 적성에 맞는지가 나온다. 남을 가르치는 선생님의 경우, 초등학교 교사라면 반복 학습이 주가 되므로 사회형과 진취형 지수만 높으면 되지만, 대학교수는 탐구형 지수가 어느 정도 높지 않으면 안 된다.

이런 모든 것을 면밀히 고려하지 않으면 아이의 진로 결정은 물론, 당장 효율적인 학습 방법을 찾아 학습 능력을 향상 시키는 데도 어려움이 따른다. 한 예로 요즘 과학고에 진학하는 아이들 중에는 부모의 지나친 압력과 끌고 가기 식 공부로 인해 사무형 지수만 높고 진취형과 사회형 지수는 현저히 낮은 아이들이 적지 않다. 이런 아이들은 설사 과학 분야로 나간다 할지라도 자신감이 없고 창의성도 떨어져 고지식한 과학도가 되기 쉽다. 다른 분야에서 성공을 거둘 수 있는 두뇌를 갖고도 평범한 중급 엔지니어에 머물며 사회적 성공도, 자아 성취감도 없이 밋밋한 삶을 살게 되는 것이다.

이런 경우 외에도 문과를 가야 하는데 이과를 간다거나, 예술 계통이 안 맞는데 음대나 미대로 진학한다거나 하는 일들이 있다. 이것은 모두 아이의 한 가지 특성만 고려하거나, 스트레스 등으로 인해 한때 비정상적으로 높거나 낮아진 특성에 주목한 나머지 본질적인 특성을 간과했기 때문이다.

자, 정리를 해보자. 우리가 좋은 학교에 가려는 건 좋은 직업을 갖기 위해서이다. 직업이 자기 적성과 능력에 맞아야만 사회적으로 인정을 받을 수 있고, 경제적으로 풍요해지고, 심리적으로도 보상과 기쁨을 누릴 수 있다. 그런데 적성과 능력에 맞는 직업을 가지려면 현재의 학습 방법과 학습 능력을 거기에 맞춰야 한다. 그리고 이는 또 아이의 기본적인 뇌 상태와 각종 뇌 기능 활성화 정도가 어떠냐에 따라 결정될 문제이다.

한마디로, 아이의 공부는 좌우 뇌의 효율성, 학습 역량, 진로 적성과 서로 연결돼 있다. 이 세 가지가 일관되게 이어지면 공부를 잘할 수 있고, 아이도 스스로 행복해하며 자신감도 커진다. 이 세 가지에 무관심하거나 설사 관심을 갖더라도 체계적인 분석 없이 엇박자로 나가면 늘 공부가 어렵고 스트레스만 받으며 성취감과 자기효능감도 떨어진다. 그에 더하여 또 고려해야 할 것이 부모의 성격이나 가정환경 등 외부적인 요인과, 아이의 독서 경력과 일상적 습관 등, 학업 수행에 기초가 되는 경험들이다. 이런 모든 게 갖춰져야만 아이가 스스로 흥미를 느끼며 공부에 매진하고 좋은 성적을 올릴 수 있다.

이것이 바로 자기주도학습이다. 올바른 자기주도학습에 들어가려면 이처럼 현재 상태에 대한 체계적인 검사와 분석, 그것을 기초로 한 행동 수정과 학습 방법 개선 등 구체적이고도 지속적인 관리가 필요하다.

본문에서 자세히 다루겠지만 자기주도학습은 뇌 기능 활성화, 정서·심리 강화, 학습 역량 강화, 학습 습관 및 행동 수정, 진로 적성 탐색의 다섯 단계로 이루어진다.

아이의 학습에 가장 기본이 되는 능력은 뇌력, 심력, 체력이다. 과거에는 체력이 중요했으나 지금은 아이들의 뇌력 자체가 너무 약하다. 과도한 선행 학습이나 부모의 지나친 압력과 기대 때문에 아이들이 자기 생각보다는 부모 뜻대로 움직이다 보니 내적으로 무기력해져 있다. 게다가 어릴 때의 독서량이 부족하면 정보를 전달하는 신경 네트워크가 가늘고 느슨해져 학습량이 조금만 많아도 과부하 상태가 된다.

두 번째가 정서·심리 강화이다. 특히 저학년일수록 부모의 기대치가 너무 크면 심리와 행동 모두 이중적이 되면서 당장 부모에게 인정받는 데만 급급할 뿐, 진정한 실력 향상은 이루어지지 않는다. 이런 아이들은 결과가 아니라 과정 위주의 동기부여를 통해 자기효능감을 키워 주어야 한다. 아울러 기질과 정서적인 면에서 부모와 아이가 공감대를 이루어야만 아이가 공부에 눌리지 않는다.

세 번째는 학습 역량 강화이다. 기본 역량이 있는 아이는 적절한 학습 동기만 부여되면 언제라도 공부를 따라갈 수 있지만, 역량이 안 되는 아이는 학년이 올라갈수록 학습 능력이 떨어진다.

네 번째는 학습 습관과 행동 수정이다. 공부를 잘하려면 먼저 습관과 행동을 바꾸어야 하는데, 공부 습관은 게임이나 텔레비전 시청처럼 즉시 보상이 따라오는 게 아니므로 쉽게 바뀌지 않는다. 무의식적으로 행동이 나올 수 있도록 꾸준한 관리가 필요하다. 그동안 경험한 바에 따르면, 노트 필기법이나 책 읽기 같은 기본 습관 하나 바꾸는 데도 시간이 오래 걸린다.

마지막은 진로 적성 탐색이다. 늦어도 중학교 1, 2학년까지는 본인의 진로를 찾아주어야 한다. 자신이 잘할 줄 아는 게 무엇인지 알아야 공부하는 의욕이 생기고, 거기에 맞춰 독서나 체험 학습 등 포토폴리오를 만들어갈 수 있다.

이러한 자기주도학습이 이루어지려면 뇌력을 비롯해 아이의 모든 면을 정확히 분석하고 관리할 수 있어야 한다. 그리고 앞서 말한 다섯 단계를 되도록 초등학교 6학년 이전에, 늦어도 중학교 3학년까지는 반드시 마쳐야 한다. 그리고 고등학생이 되면 그 바탕 위에서 전략적으로 공부해야 한다.

이제 처음 이야기로 돌아가자. 공부는 팔자라고 했다. 그리고 팔자는 바뀔 수 있다고 했다. 그 방법과 과정은 앞에서 대략적으로 살펴보았다. 뇌 기능을 비롯해 아이의 선천적 요인들을 정확하게 파악하고, 거기에 부모 성격까지 고려한 외부적인 요인들을 합해 체계적인 분석을 거치고, 그로써 가장 효율적인 학습 방법을 찾아낸 다음, 구체적인 행동 수정을 시작하는 것이다.

다만, 한 가지 주의할 점은, 잘못된 자기주도학습은 오히려 아이를 망칠 수 있다는 것이다. 요즘 너도나도 무슨 만병통치약처럼 자기주도학습을 말하고 있으나, 제대로 된 자기주도학습이 되려면 앞에서 말한 철저한 분석과 관리가 먼저 이루어져야 한다.

내가 지난 20년 간 해온 것이 그런 일이었다. 그동안 많은 부모들이 눈물을 흘리며 고마움을 표시하는 등, 실제로 수많은 사례에서 효과를 거두었다. 그래서 이 책에 쓴 글들은 아이들을 좀 더 훌륭한 인재로 키우고자 한 나의 순수한 열정과 신념의 결과물이라고 감히 자부할 수 있다.

『논어』에서 공자는 "학이시습지불역열호(學而時習之不亦說乎)", 즉 "배우고 때때로 익히니 또한 즐겁지 아니한가"라고 말씀하셨다. 그런데 요즘 학생들은 어떤가. 공부하는 것에서 즐거움을 느끼는 아이들이 얼마나 있을까. 이는 '학(學)'은 있는데 '습(習)'이 없기 때문이다. 지금은 어떤 아이든 배우는 데 부족함은 없다. 이 점은 시골 학교 아이들이든 강남 대치동 아이들이든 마찬가지다.

배워야 할 것이 너무 많고, 좋은 참고서도 많고, 잘 가르치는 선생님도 많다. 그러나 익히는 시간이 없다. 익힌다는 건 배운 것을 스스로 정리해 기억 속에 저장하는 일이다. 또, 그것을 바탕으로 다음 단계의 배움을 시작하고, 일상생활에까지 연결시키는 일이다. 그것이 습(習)이다.

익히면 당연히 즐거움이 따라온다. 배우는 건 인내지만 익힌다는 건 그것을 써먹으며 성취감을 느끼는 일이다. '學'은 머리로 이해하는 데 그치지만, '習'은 가슴으로 느끼게 한다. 앞으로의 학습에서는 단순히 배우는 데서 그치는 것이 아니라 훈련하고 몸에 익혀 가슴으로 느끼는 습(習)이 절실히 필요하다. 자기주도학습이 바로 이 '습'의 과정이다. 그래서 자기주도학습은 아이들을 '지긋지긋한 공부'에서 해방시켜주는 일이며, 동시에 미래의 행복을 만들어주는 일이다.

그러기 위해서는 앞에서 말한 다양한 검사와 분석, 구체적인 행동 수정 관리가 필요하다. 이는 우리가 사랑하는 아이들을 위해 반드시 해야 할 일이다. 행복은 성적순이 아니라고 하지만, 성적을 올리면 행복해지는 이유가 여기에 있다.

2011년 1월

박인연 씀

차례

책머리에 공부 습관이 공부팔자를 바꾼다 **004**

STEP 1 뇌기능 활성화 **뇌가 바뀌면 사람이 바뀐다**
공부가 가장 쉬웠다는 말은 사실일까? **020**
지금 아이들에겐 어떤 문제가 있나? **025**
자기주도학습은 휴머니즘이다 **031**
자기주도학습의 5단계 **035**
공부는 팔자다 **040**
뇌는 고정돼 있지 않다 **045**
뇌 훈련 사례 **051**

STEP 2 정서·심리 강화 **부모가 바뀌면 아이도 바뀐다**
엄마는 아이를 두 번 낳는다 **056**
지혜로운 엄마는 출생 순위도 고려한다 **062**
남자와 여자, 공감 영역이 다르다 **070**
동기부여는 의지가 아니라 가슴으로 **075**
긍정적인 자아를 만들어주자 **079**
우리 아이는 어떤 성격일까? **084**
엄마와 아이의 성격 궁합이 중요하다 **091**

STEP 3 학습 역량 강화 **지능이 높다고 공부 잘하지 않는다**

아이큐가 높으면 운전면허 쉽게 딸까? **100**
공부와 관련 있는 네 가지 학습 능력 **103**
잠재된 학습 능력을 끌어올리려면 **112**
학습 능력에 맞추는 공부 방법 **118**
공부의 기초는 학습활동력 **123**
아이의 활동 유형에 따른 공부 방법 **130**

STEP 4 학습 습관 및 행동 수정 **구슬이 서 말이라도 꿰어야 보배다**

무의식이 바뀌어야 행동이 바뀐다 **136**
스마트한 목표를 세워라 **140**
꿈을 현실로 만드는 열 가지 자기 변화 **143**
성공적인 교과서 학습 전략 **148**
행동을 바꾸기 위한 실천 전략 **156**

STEP 5 진로 적성 탐색 **목표가 정해지면 길이 보인다**

진로 선택에도 코디가 필요하다 **166**
다중지능 검사는 왜 필요한가 **169**
진로 탐색을 위한 다섯 가지 성숙 요인 **175**
잘할 수 있는 건 따로 있다(진로 유형 6가지) **180**
어느 고등학교를 갈 것인가 **188**
자아실현에는 모범답안이 없다 **194**

추천의 글 아이를 잘 아는 부모가 자녀를 제대로 키운다 외 **198**
부록 자기주도학습 종합컨설팅 사례 **204**

STEP 1

뇌 기능 활성화

뇌가 바뀌면
사람이 바뀐다

공부가 가장 쉬웠다는 말은 사실일까?

"내가 공부를 이렇게 했다면 서울대에 갔을 텐데……."

어른들은 종종 이렇게 말한다. 자기 자신이 무언가를 아주 열심히 하고 있을 때, 그 노력이 스스로 생각하기에도 가상하여 조금은 자조적인 기분으로 하는 말이다. 외출을 준비하는 아가씨가 한 시간이 넘도록 화장에 공을 들이다가, 바이크족 청년이 하루 종일 오토바이 튜닝에 매달리다가, 주말마다 밤낚시를 떠나는 낚시광 아저씨가 오늘도 아내의 구박을 무릅쓰고 집을 나서다가 이런 말을 중얼거린다. 스스로 돌아봐도 대단한 열정이요 대단한 인내심이라고 생각해서 나오는 말이다.

아무도 시키지 않고, 오히려 주변에서 말리기까지 하는데 왜 이리 열심일까? 답은 간단하다. 자기가 좋아하는 일이기 때문이다. 또, 그 일을 해야만 하는 목표가 분명한 것이다. 희귀 명반이나 명품 액세서리 등 특정한 물건들을 수집하는 사람들도 마찬가지다. 직업과 전혀 상관없는 일인데도 자기

돈 들이고 자기 시간 들여가며 모든 정성을 바친다.

　스스로 좋아하는 일을 할 때는 그 어떤 것도 장애가 안 된다. 오히려 장애를 극복하는 과정이 보람이요 기쁨이 된다. 자신이 하는 일에 대한 동기가 자기 안에 있기 때문이며, 그 일에 거는 가치 또한 스스로 선택하고 결정한 것이기 때문이다.

　재능 있는 사람은 노력하는 사람을 못 이기고, 노력하는 사람은 즐기는 사람을 못 이긴다는 말은 그래서 나왔을 것이다. 좋아서 하는 일은 그 어떤 재능이나 노력보다 좋은 결과를 가져다준다. 무엇보다, 좋아하는 일을 할 때에는 스트레스를 받지 않는다. 오히려 스트레스를 자극으로 받아들여 일하는 것 자체를 즐거움으로, 자아실현으로 느낀다.

　몇 년 전, 서울대에 수석으로 합격한 학생의 소감이 떠들썩하게 화제가 된 적이 있다. 학생은 그 소감을 제목(『공부가 가장 쉬웠어요』)으로 하여 책을 펴내기도 했다. 그런데 이 말은 공부 때문에 온갖 스트레스를 받아온 학생들을 그야말로 기죽이는 말이 아닐 수 없다. 기죽는 정도가 아니라 분통이 터진 학생이나 학부모도 적지 않았을 것이다.

　그래서 사람들은 그 학생의 그 소감을 믿으려고 하지 않았다. 믿고 싶지가 않은 것이다. "공부가 가장 쉬웠다고? 그럼 우린 뭐 바보천치냐?" 잠도 못 자고 하고 싶은 일 다 포기하며 열심히 공부에 매달리고도 좋은 성적을 내지 못한 학생들로서는 그런 반감이 드는 게 당연하다. 거기에 과외나 학원 수강도 전혀 안 했다는 말까지 덧붙이니, 이를 듣는 학생들은 거의 절망에 가까운 감정에 빠진다.

그렇다면 정말 그 학생은 공부가 가장 쉬웠을까? 나는 그랬을 거라고 생각한다. 공부가 쉽지 않았다면 결코 최고 명문대의 수석 입학생이 될 수는 없다. 사실, 공부처럼 쉬운 일은 없다. 어찌 보면 그건 어른인 우리가 늘 하던 말 아닌가?

밤새 기안한 서류를 결재 올렸다가 상사에게 쓴소리를 들을 때, 물건 좀 팔아달라고 거래처 사람에게 굽실거릴 때, 뭐 이런 가게가 다 있어 하고 씩씩거리는 손님을 대할 때, 어른들은 공부하는 일처럼 쉬운 게 없다고 생각한다. 옛날에 왜 좀 더 열심히 공부하지 않았을까 후회한다. 지금 학생 시절로 돌아간다면 아주 열심히, 즐겁게 공부만 할 것 같다. "우리 집 아이는 혼자 알아서 공부 잘해요", 부모님이 그렇게 말하는 자랑스러운 아이가 될 자신이 있다.

그러면 옛날에는 왜 그렇게 하지 못했을까? 공부해서 남 주는 게 아니라는 말을 귀 따갑게 들었지만 그 말을 가슴으로 실감하지 못했기 때문이다. 목표의식이 부족했고, 동기부여도 약했다. 게다가, 매일 공부하라는 말밖에 모르는 부모님이 짜증스러웠다. 몇 시간을 공부해도 더 하라고만 하니 공부라는 게 처음부터 '스스로'와는 거리가 먼 '강요'일 뿐이었다. 또, 부모님은 늘 당장의 성적만 신경 쓰기 때문에 자기 나름대로 순차적인 계획을 세워 실천하거나 자신에게 맞는 공부 방식을 시도할 수도 없었다.

이 밖에도 이유는 수없이 많을 것이다. 어느 유명한 예술가가 제자들에게 "잘하는 이유는 한 가지고 못 하는 이유는 수백 가지가 된다"고 했다던데, 이는 학생들이 하는 공부도 마찬가지다. 공부를 못 하는 이유는 수백 가지지만, 공부를 잘하기 위해서는 딱 한 가지만 잘하면 된다. 앞에 말한 수석 학생은 아마 그 한 가지를 잘했을 것이다.

　공부를 잘하기 위해 필요한 딱 한 가지는 바로 자기주도학습이다. 자기가 주도하여 스스로 공부하는 것, 즉 자신이 직접 학습 전략을 짜고, 자기 스스로 그때그때 목표를 정하는 것, 그리고 무엇보다 왜 공부를 해야 하는지, 이 공부를 통해서 궁극적으로 무엇을 이루고 싶은지를 스스로 분명히 인식하는 것이 자기 주도학습의 핵심이다.

　지금의 어른들이 학생으로 돌아간다면 말뿐 아니라 정말로 자기주도학습을 잘할 것이다. 전쟁과도 같은 다양한 사회생활을 경험하면서 왜 공부를 해야 하는지, 어떻게 하면 공부를 잘할 수 있는지를 뼈저리게 깨달았기 때문이다. 그리하여 다시 학생이 된다면 스스로 목표를 정하고, 스스로 전략을 짜며, 자기에게 가장 맞는 방식으로 신나게 공부할 것이다.

　그런데 이처럼 뼈저린 사회경험을 쌓지 않고도 자기주도학습을 실행하고 있는 학생들이 있다. 서울대 수석 학생이 그랬을 것이다. 낚시광에게는 낚시하는 일이, 오토바이 마니아에게는 오토바이 타는 일이, 수집가에게는 수집하는 일이 가장 쉽다. 취미로 시작한 마니아들이 종종 직업적 전문가 이상으로 실력이 뛰어나고 정보와 자료도 많이 갖고 있는 것도 그 때문이다.

　이처럼 자기가 주도하여 공부를 하는 학생에게는 공부가 가장 쉬울 수밖에 없다. 쉽다뿐인가, 목표의식이 분명하기에 여행 계획이라도 짜듯 자발적으로 학습 전략을 짜게 될 것이며, 눈치 보거나 강압에 억눌릴 일 없이 자기에게 맞는 공부 방식을 개척할 수 있다. 그리고 단계를 거치면서 공부가 재미있어지거나 성적이 향상되는 성취감을 맛보고 나면, 마치 게임을 할 때 아이템 획득에 열을 올리는 것처럼, 자발적인 열정도 더욱 커진다.

앞에서 말한 마니아적 모습을 학생에게 대입하면 그것이 결국 개인의 포트폴리오다. 그리고 대학 입시에서 가장 중요한 제도로 자리 잡아 가는 입학사정관제는 이러한 포트폴리오에 높은 점수를 주는 것이다. 교육 전문가들이 앞다투어 자기주도학습을 강조하는 것도 그 때문이다. 요즘 아이들은 고비용 저효율의 학습을 하고 있다. 이러한 문제점을 깨려면 읽기 능력을 향상시켜 이해와 구조화 능력을 키우고, 공부 방법에 대한 자기 확신과 열정을 일깨울 필요가 있다.

타고난 성격이나 능력에 따라 성적을 올리는 데 차이가 있을 수는 있겠지만, 무엇보다도 자기주도학습을 할 때와 그렇지 않을 때의 차이는 생각 이상으로 크다. 더욱이, 이런 자발적 자기관리는 학생들이 쉽게 지치거나 포기하지 않게 만들고 스트레스도 주지 않는다.

지금 아이들에겐 어떤 문제가 있나?

학부모와 아이를 함께 상담할 때가 많다. 그런 경우 부모는 열정적으로 이것저것 계속 물어보고 진지하게 귀를 기울이는데 아이는 시들한 표정으로 그냥 앉아만 있는 모습을 종종 보게 된다. 어른들끼리 하는 대화라 가만 있는 게 아니라, 처음부터 무엇인가 기죽어 있는 모습이다. 부모가 가보자고 하니 억지로 따라왔다는 게 얼굴에 역력히 드러나 있다.

이럴 때 내 눈에는 벌써 문제의 뿌리가 훤히 보인다. 부모와 자식 간에 학습 방법에 대한 교감이 전혀 이루어지지 않고 있는 것이다. 아이의 성적이 오르지 않는 데는 아이의 타고난 능력이나 노력하는 정도, 또 학교 수업에 얼마나 적응하고 있는지 등 여러 다른 문제가 있을 수 있다. 그러나 이처럼 기본적으로 부모와 자식이 서로 엇박자를 내는 경우에는 그러한 상황을 개선하는 것이 관건이 된다.

드문 예지만, 아이는 적극적인 관심을 보이는데 부모가 시들해할 때도 있다. 이 또한 부모 자식 간에 교감이 원활하지 않다는 점에서는 마찬가지다. 부모는 아이의 학습을 위해 이미 여러 방법을 시도해 본 터라 더 이상 기대를 하지 않거나, 아이의 타고난 능력이 떨어진다고 체념하고 있는 것이다. 어느 경우든 슬프고 안타깝기는 마찬가지다. 앞으로 아이의 성적이 얼마나 오를 수 있을지는 둘째 치고, 부모 자식이 서로 믿고 이해하지 못한다는 점에서 이것은 아이의 공부 이전에 하나의 가정문제이기 때문이다.

상담을 진행하며 문제의 원인을 찾아보면 "닭이 먼저냐? 알이 먼저냐?" 하는 식으로 문제가 복잡하게 얽혀 있는 경우가 보통이다. 부부 싸움이 그러하듯 부모 자식 간의 갈등 또한 딱히 한쪽만의 문제가 아니다. 어쨌거나 결과는 서로에게 불행이다. 부모는 아이를 못 미더워하고 아이는 부모에게 스트레스를 받고 있는 상황이라, 서로 자신을 돌아보는 일이 시급하다.

왜 많은 부모 자식들이 이런 상황에 처하는 것일까? 일단, 아이들의 공부 방식에 문제가 있는 것은 분명하다. 그런데 그 잘못은 아이나 부모 한쪽이 만들어낸 게 아니다. 대개는 부모와 자식이 생각하는 학습 방법이나 목표에 차이가 너무 크기 때문에 발생한다. 혹은 집안 환경 자체에 어떤 문제가 있어서 발생한다.

며칠 전 <조선일보>에서 '글과 담쌓은 세대'라는 제목의 기사를 보았다. 초등학교 4학년 1100여 명을 대상으로 한 조사에서 절반 가까운 학생이 주어진 지문의 내용을 제대로 이해하지 못했고, 문법에 맞는 문장조차 제대로 쓰지 못했다고 한다. 주어와 술어가 전혀 호응하지 않는 문장들도 허다했고, 옳고 그름을 판단하는 비판적 사고력도 부족했다고 한다.

왜 이런 결과가 나왔을까? 현재 우리 아이들을 둘러싸고 있는 교육적 문제에는 어떤 것들이 있는지 간단히 살펴보자. 먼저, 학부모나 선생님의 과도한 학습 요구다. 학부모들이 특히 더 그런데, 아이들에게 지속적으로, 그리고 이전보다 더 많은 과제를 주는 것이 그 한 가지 잘못이다. 아이가 책상 앞에 앉아 있어야만 안심을 하고, 음악을 듣거나 텔레비전을 보고 있으면 초조해한다. 그런 분위기에서 아이는 연달아 주어지는 과제에 질려 버린다. 과제를 빨리 끝내봐야 또 다른 과제가 기다리고 있다는 걸 알기 때문에 주어진 과제를 질질 끌기만 한다. 한 가지 과제를 끝내면 바로 다음 과제가 기다리고 있으니, 빨리 끝낼 이유가 없는 것이다.

이런 아이를 보면서 부모는 자기 아이가 공부를 하기 싫어서 머리를 굴리고 있다고만 생각한다. 공부의 '공' 자만 들어도 지겨울 정도로 깊은 의욕 상실에 빠져들고 있다는 걸 모른다. 이렇게 해서는 학교에서 치르는 시험 몇 번은 잘 볼지 몰라도 스스로 알아서 공부하는 아이는 결코 되지 못한다.

얼마 전, 한 소아정신과 의사가 신문에 기고한 상담 사례를 보았다. 의사가 엄마의 지시 방식을 살펴보니 아이의 상황은 고려하지 않고 일방적으로 지시하는 스타일이었다고 한다. "손 씻어"라고 지시하고 나서 조금 있다가 "옷은 왜 안 걸어, 옷 걸어야지"라고 지시하고, 또 "학원 갈 준비는 했어?"라는 식으로 지시를 계속한다. 아이는 엄마의 지시를 따랐을 때 엄마가 긍정적인 반응을 해주지는 않고 연달아 다른 지시만 계속하니 불만이다. 잘한 것은 칭찬하지 않고 안 한 것만 자꾸 들춰낸다는 생각이 들어 억울해한다. 우리나라 가정에서 이런 모습은 공부에서나 일상생활에서나 매우 자주 발견할 수 있다.

두 번째 문제는 인지능력을 무시한 선행학습이다. 이 역시 아이를 학습 과부하에 걸리게 한다는 점에서는 앞의 문제와 비슷하다. 몇 년 전부터 너도 나도 유행처럼 선행학습을 시키기 시작했고, 이런 상황은 지금까지도 크게 달라지지 않고 있다. 우리의 뇌는 어떤 문제가 반복 학습을 통해 완전히 정리되어야만 장기 기억으로 저장한다. 초등학교 때『수학의 정석』을 선행학습한다고 해도 몇 달만 지나면 아무 의미가 없다. 자기가 공부한 것을 구조화시켜 뇌에 저장하는 게 중요하다.

인지능력이 생기려면 학원에서 공부하는 시간의 세 곱절을 학습해야 한다. 즉, 학원에서 3시간 공부했으면 9시간을 학습해야 인지능력이 생긴다. 그런데 이런 인지능력을 무시하고 선행학습을 하면 진도만 나갈 뿐, 자기 것으로 남지 않는다. 진도가 나가는 속도만큼이나 전에 배운 것은 빠르게 잊어버린다. 선행학습의 심각한 문제는 거기서 그치지 않는다. 필요 이상의 선행학습은 사고의 다양성을 떨어뜨려 뇌력을 저하시킨다. 그런데도 엄마들은 선행학습을 하지 않으면 학교 성적을 유지할 수 없을 것 같은 걱정에 무조건 선행학습을 시키고 본다.

또 다른 문제로는 개인 성향을 무시한 동일한 학습을 들 수 있다. 사람마다 특성이 다르고 그에 따라 행동하는 방식도 달라지는 게 당연하다. 책을 읽는 것 하나만 보아도 페이지마다 줄줄이 밑줄을 긋는 아이가 있는가 하면 그렇지 않은 아이도 있다. 밑줄을 긋거나 안 긋는 것만 가지고는 누가 그 책을 더 제대로 이해했는지 알 수 없다. 그건 단순한 습관일 수도 있고, 자기나름의 독서 요령일 수도 있다.

분명한 것은, 밑줄을 잘 긋는 아이에게 밑줄을 긋지 못하게 하거나 전혀 안 긋던 아이에게 밑줄 긋기를 강요하면 아이는 책 읽는 것 자체를 불편하게 여길 것이라는 점이다. 특성을 무시한 획일적인 강요는 상대에게 스트레스나 줄 뿐, 결코 기대하는 결과를 얻기 힘들다.

몇 가지만 예를 들었는데, 모두 부모 중심으로 학습이 이루어진다는 데 기본적인 문제가 있다. '줄탁동기'라는 고사성어가 있다. 안과 밖에서 함께 해야 일이 이루어진다는 뜻인데, 병아리와 엄마 닭이 동시에 같은 부분을 쪼아야만 부화가 가능하다는 데서 나온 말이다. 성적이 오르기를 원하는 것은 부모나 아이나 똑같다. 그렇게 양쪽이 같은 욕망을 갖고 있는데도 성적 향상은커녕 부모 자식 간의 애정마저 갉아먹는 결과가 빚어지는 것은 서로 다른 곳을 쪼고 있기 때문이다.

이런 상황에서 상대적으로 약자인 아이는 늘 스트레스를 받으며 부모의 눈치만 살피게 된다. 그리고 그런 상태에서 하는 공부는 자기를 위한 공부가 아니라 부모에게 보이기 위한 공부가 되어버린다. 결국 올바른 동기부여도 안 되고, 성취감도 생기지 않는다. 이런 상태에서는 아무리 학습 시간을 늘려도 꾸준한 성적 향상은 기대하기 어렵다.

학생이 성적을 비관하여 스스로 목숨을 끊었다는 기사를 종종 대하고는 한다. 극단적인 예이긴 하지만, 이런 일은 대개 성적 자체가 원인이라기보다는 부모와 자식 간에 자유롭고 합리적인 대화가 실종된 것이 원인이 되어 발생한다. 실제로 그렇게 목숨을 버리는 학생들은 대부분 성적이 상위권인 아이들이다. 성적이 나빠 비관하는 게 아니라 끝없이 눌러오는 중압감을 견디지 못하는 것이다.

　이제는 우리 아이들을 풀어주어야 한다. 강요도 방임도 아닌, 제대로 된 자율을 허락해야 한다. 그러기 위해서는 부모가 자기 아이를 믿고 편하게 마음을 내려놓는 게 중요하다.

자기주도학습은 휴머니즘이다

나는 20년 간 교육 프로그램을 개발하고 교육 컨설턴트로 일해오면서 나름대로 상담 철학을 갖고 있다. '상담할 때는 가장 객관적인 사실을 가지고 가장 주관적으로 상담하라'는 것이다. 여기에서 '객관적 사실'이란 상담 대상자에 대한 정확하고 구체적인 정보를, '주관적 상담'은 나 자신에 대한 믿음과 함께 상대를 변화시키고 싶다는 적극적 의지를 말한다.

상담을 해주는 사람이 확신이 있어야 상대를 변화시킬 수 있다. 상담할 때는 자기도취에 빠져야 한다. 무당이 굿을 할 때 접신하듯 열정과 자신감을 갖고 상담에 들어가야만 부모에게 확신을 주고 아이도 변화시킬 수 있다. 그래서 내가 자주 강연 나가는 곳의 선생님들에게도 이 말을 꼭 하곤 하는데, 요즘에는 상담을 받으러 오는 학부모들에게도 직접 이 말을 들려준다. 이런 상담 원칙은 자기주도학습에도 똑같이 적용할 수 있기 때문이다.

자기주도학습의 이론적 원리는 간단하다. 무슨 일이든 스스로 목표를 세우고 자기에게 가장 맞는 방식으로 실행할 때 지속적으로 할 수 있으며, 성취감도 쉽게 얻을 수 있고, 가장 좋은 결과도 보장된다는 것이다. 학생들의 공부로 말하면, 학습자의 학습 상황과 능력과 욕구를 진단해 학습 목표를 수립하고, 실천에서 평가에 이르는 모든 학습 과정을 학생 자신이 주도권을 가지고 진행해나가는 것을 말한다.

그런데 간혹 '학생 자신의 주도권'이라는 말을 오해하는 사람들도 있다. 이는 학습자 혼자서 모든 것을 결정하고 실천한다는 말이 아니다. 학습 습관이나 능력이 바로 잡히지 않은 학생을 혼자 내버려두는 건 방치일 뿐이다. 그런 무모한 자율권은 학습자를 나태하게 만들거나 자신감을 잃어버리게 만들기 쉽다. 근래 유행처럼 번진 자기주도학습관 중 일부는 바로 그런 오해에서 비롯한 잘못된 처방 때문에 학생들의 학습 의욕을 오히려 떨어뜨리기도 했다.

앞에서 요즘 아이들의 학습 방법에 문제가 있다는 말을 하면서, '과제 연달아 주기'와 '선행학습'을 예로 들었다. 그런 방법이 효과적이지 않다는 건 누구나 공감할 것이다. 그러면 그와 반대로 하면 결과가 좋아질까? 계속 과제를 던져주던 아이에게 네가 알아서 하라고 자율권을 주면 아이 스스로 체계적으로 시간을 배분할 수 있을까? 그리고 다른 대안 없이 선행학습만 갑자기 모두 끊으면 어떻게 될까? 당장 다음 시험 성적이 좋게 나오지 않아 부모도 아이도 초조해질 것이다.

학습자 자신이 주도하도록 한다는 건 학습 목표나 전략을 부모나 선생님이 일방적으로 정하지 않고 학습자에게 맞춘다는 것이지, 아이에게 무조건 맡긴다는 말이 아니다. 오히려, 자기주도학습에서야말로 부모나 전문 컨설턴트 등의 조력이 절실히 필요하다.

여기서부터가 중요하다. 조력이라면 과연 어떤 조력을 어디까지 할 것인가? 학습자의 자율성을 침해하지 않으면서 가장 적절하게 협조하고 이끌어갈 수 있는 선은 어디까지인가? 어떤 초기 진단이 필요하고, 구체적 실행 과제로는 어떤 방법들이 있을까?

이에 대해 차차 이야기하겠지만, 내가 가장 강조하고 싶은 것은 서로에 대한 믿음과 존중이다. 컨설턴트인 상담자는 학부모에게 확신을 심어주고 학부모는 아이를 믿어야 한다. 또 아이는 학부모를 믿고, 학부모는 상담자를 믿어야 한다. 편의상 순서대로 나열했지만, 이는 물론 수직적인 관계가 아니고 서로 섞이는 수평적인 관계이다.

학습자와 조력자가 충분히 믿지 못하면 자기주도학습을 효과적으로 진행하기 어렵다. 학습자는 자기주도학습을 진행하는 과정에서 자신의 생각을 실험하고 검증한다. 그러면서 시행착오도 겪고 전에는 몰랐던 자신의 뜻밖의 능력이나 적성을 발견하기도 한다. 이에 따라 학습 전략도 바뀌고 기간별 목표도 바뀔 수 있다. 이처럼 자기주도학습이란 고정된 절차가 아니라 탐구와 발견의 연속이다. 따라서 학습자는 자신을 믿으면서 동시에 자기를 지켜보는 조력자들을 믿어야 한다. 성급하게 성과를 내 칭찬받을 생각을 한다거나 조력자의 안내와 지도를 불신해서는 좋은 결과를 얻기 힘들다.

한편, 조력자는 학습을 진행하는 전 과정에서 학습자의 상태 변화를 믿고 이해해주어야 한다. 정서적, 심리적, 신체적인 모든 변화를 긍정적으로 바라보는 태도가 필요하다. 조력자의 그런 열린 마음과 이해가 학습자에게 자신감을 주고 자신을 스스로 믿게 만든다.

학습자와 조력자가 이처럼 서로를 믿고 긍정적으로 바라보면 성적 향상이라는 결실 외에 가정의 평화와 안정이라는 또 다른 선물이 주어진다. 부모가 자신과 아이의 특성을 정확히 인식하고, 그것을 바탕으로 각자의 역할을 수행하는 올바른 관계를 형성하는 것이 자기주도학습으로 가기 위한 전제이다. 그런데 '올바른 관계 형성'이란 단지 아이의 성적 향상만이 아니라 가족이 서로 화합하기 위한 전제이기도 한 것 아닌가. 가족은 모빌과 같다. 하나가 움직이면 가족 구성원 전체가 움직인다. 그래서 아이의 자기주도학습이 잘 이루어지는 가정에서는 부부간, 부모 자식 간의 관계도 부드러워지고 유기적으로 바뀐다. 이는 자기주도학습이란 기본적으로 인간의 본능인 독립성을 중시하고, 다른 사람에 대한 이해와 배려라는 휴머니즘(인간존중사상)을 바탕으로 삼는 학습 방법이기 때문이다.

자기주도학습의 5단계

금연에 계속 실패하다가 어렵게 성공한 어느 후배가 이런 말을 한 적이 있다.

"금연 그거, 의지만 갖고 절대 안 돼요. 고도의 전략이 필요하고, 일상생활을 완전히 바꿔야 해요."

비슷한 경험이 있는 사람은 그 후배의 말이 엄살이 아님을 알 것이다. 인터넷에서 '금연 방법'이라는 단어를 치면 금단증상을 이기기 위한 다양한 조언과 실천 사례들이 주르르 나온다. '금연 성공을 위한 네 가지 원리'처럼 아예 이론화해 조목조목 설명하기도 한다.

대강 이런 이야기들이 나온다. 금연하기로 했다는 것을 주변 사람들에게 알려라. 어떤 경우에도 예외를 만들지 마라. 물을 많이 마시고 커피를 줄인다. 금연을 결심하던 첫 마음을 떠올린다. 가족의 미래를 생각하라. 흡연으로 망가진 몸을 찍은 사진을 보라.

금연이 가져올 정서적·심리적 문제, 신체 반응의 문제, 동기부여와 관련된 이야기까지, 다양한 조언들이 나오는 걸 볼 수 있다. 후배의 말처럼 의지만 갖고는 어렵기 때문이다. 스스로 절실히 원하는데도 금연을 실천하지 못한다는 심리적, 신체적 문제를 스스로 통제하는 게 쉽지 않아서다. 금연 하나를 위해 그동안 익숙했던 수많은 습관과 생활 리듬을 바꿔야 하니, 일상을 완전히 바꿔야 한다는 말은 과장이 아니다.

이제 이 문제를 자기주도학습과 연결해보자. 여기에도 당연히 금단증상이 나온다. 심리와 신체 상의 문제도 나오고, '자기주도'라는 낯선 방식에서 오는 혼란도 생긴다. 여러 익숙한 습관들을 바꿔야 하는 건 기본이다. 끊임없는 동기부여 또한 필요하다. 자기주도학습이 좋다니까 한번 해보자는 마음가짐으로는 결코 학습 방법을 변화시킬 수 없다.

효율적인 자기주도학습을 바란다면 현재 상황에 대한 정확한 기초진단과 함께 체계적인 훈련단계가 필요하다. 나는 교육 상담을 '종합예술'이라고 표현한다. 당장의 성적 향상만이 아니라 한 아이의 인생 전체를 새롭게 설계하고 이상을 실현할 수 있도록 한다는 의미에서 그렇게 표현하는 것이다. 그런 점에서 나는 자기주도학습에 대해서도 오랜 현장 경험을 통해 다음의 5단계를 설정하고 있다.

첫째, 학습능력의 가장 기본적 요소인 뇌의 문제를 진단하고 처방한다. 이는 학습자의 잠재역량을 최대한 끌어내기 위해서다. 뇌를 최적의 상태로 만들어 자기조절력, 스트레스 면역력, 좌우뇌 균형을 이루어주는 것이 중요하다.

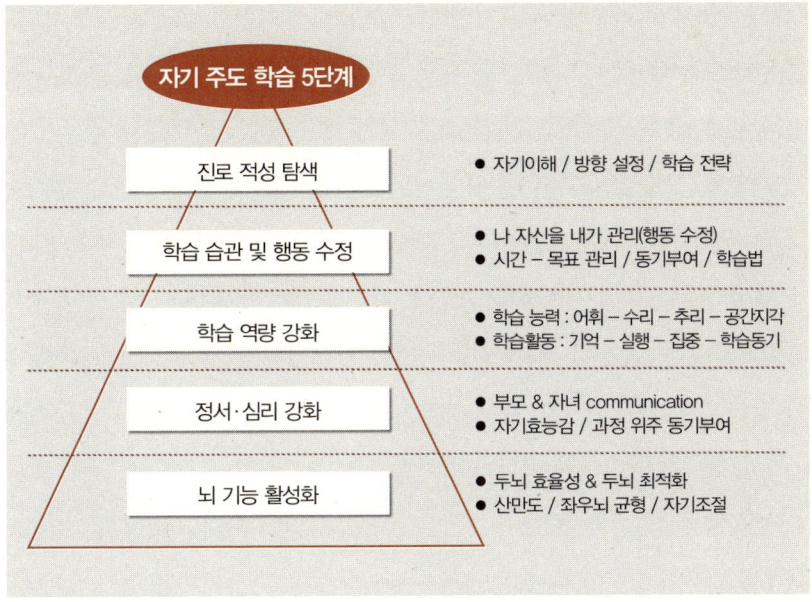

　둘째, 아이의 정서와 심리 상태를 진단하여 부모가 함께 문제를 해결해 나가야 한다. 이는 아이에게 자기효능감을 키워주기 위하여 필요하다. 다른 장에서 좀 더 자세히 다루겠지만, 단순히 아이의 문제만을 보는 게 아니라 부모 자식 간, 특히 엄마와 아이의 성격 유형을 함께 보아야 한다. 어머니의 성격 특성은 자녀가 접하는 어떠한 환경보다도 자녀에게 직접적이고 지속적인 영향을 미치기 때문이다.

　셋째, 인지역량을 섬세하게 살펴야 한다. 단순히 지능만 높다고 공부를 잘하지는 않는다. 아이큐 수치보다는 학습에 필요한 인지적 측면인 어휘력, 수리력, 추리력, 공간지각력 중 어느 영역이 뛰어난지가 중요하다. 이를 정확히 진단하면서 학습 활동과 긴밀하게 연관되는 기억력, 실행력, 집중력, 학습동기도 살펴야 한다. 이런 점들을 종합적으로 고려해야 학습 능력을 향상시킬 수 있다.

넷째, 학습 습관을 보아야 한다. 이는 자기 자신을 관리하기 위하여 중요하다. 현재까지의 학습 습관을 구체적으로 살펴봐야 행동을 수정할 수 있는 것이다. 텔레비전 시청이나 컴퓨터 게임 등은 순간적이고 말초적인 즐거움이 따르지만, 공부나 책 읽기 등 학습과 관련된 일은 참된 보상이 나중에야 찾아온다. 스스로 원하면서도 행동을 수정하기가 쉽지 않은 까닭이 거기에 있다.

예를 들어, 책 읽기 싫어하는 아이에게 책을 읽게 하려면 어떻게 해야 할까? 책을 많이 읽어야 한다는 건 누구나 다 안다. 그런데 책을 읽지 않던 아이가 갑자기 책을 읽으려면 많은 에너지를 써야 한다. 그만큼 뇌는 부담을 갖게 된다. 따라서 뇌에 부담을 주지 않도록 자연스럽게 책을 읽게 만들어야 한다. 즉, 의식적인 행동을 무의식적인 행동으로 바꿔주어야 한다. 그것이 행동수정이다.

공부 잘하는 아이들을 보면 무의식적으로 하는 행동이 많이 나타난다. 책 읽기, 시관 관리, 목표 세우기 등 모든 면에서 자연스럽게 일어난다. 생각이 저절로 행동으로 나타나는 것이다. 이런 행동 수정에는 최소 3~6개월이 걸린다. 아침에 일찍 일어나 운동을 하겠다고 생각하고 나면, 그 최초의 시점에서 3~6개월은 지나야 자연스럽게 일찍 일어나 운동을 하게 된다. 누구의 강요나 지시가 아니라 무의식적인 흐름에 따라서 그렇게 되는 것이다.

마지막 다섯째 단계는 적성과 진로이다. 자기의 적성에 어떤 일이 맞는지 자기 자신을 분명히 파악하면서 그에 따라 진로를 정한다. 외고니 특목고니 하는 구체적인 학교 설정이나 대학에서 전공할 과를 선택하는 문제를 비롯해, 자신이 장래 어떤 유형의 직업 세계로 나가야 할지를 결정하는 것이다. 이 단계는 궁극적으로 자아실현과 맞물린다. 단순히 성적에 따라 학교를 선택하거나 직업의 유망성만 보고 진로를 정하는 게 아니다. 자신이 가장 잘 해낼 수 있고 가장 행복할 수 있는 길을 찾아나가는 것이다.

자기주도학습의 '아름다움'이 여기에 있다. 공부하는 과정에서는 안정된 정서와 자발적 의욕으로 공부하고, 그러면서 잠재 역량을 최대한 끌어올리고, 그와 더불어 자신감을 회복하고, 마지막으로는 자신이 진정 가고 싶은 길을 찾아 스스로 최선의 열정을 바친다. 이렇게 형성된 자기주도 능력은 사회에 나가서도 큰 힘이 된다.

공부는 팔자다

　아이들의 학습 능력을 파악하기 위한 종합 진단 프로그램 중에 뇌 기능 분석이 있다. 뇌파를 측정하여 자기가 가지고 있는 지능을 얼마나 효율적으로 사용하고 있는지를 보는 것이다.

　뇌 기능 검사를 한다고 하면 "아파서 온 것도 아닌데 무슨 검사까지 해요?" 하면서 의아해하는 부모가 있는가 하면, 뇌 검사를 당연하게 여기며 그것 때문에 우리 프로그램을 더 신뢰하는 부모도 있다. 아이의 공부와 뇌 상태가 얼마나 밀접한 관계에 있는지에 대한 학부모들의 이해도가 다른 것이다.

　근래에는 후자 쪽, 뇌 상태가 아이의 공부에 중요한 영향을 미친다고 인식하는 부모들이 많아지고 있다. 자기주도학습을 이야기하는 전문가마다 뇌를 자주 언급하는 데다, 꼭 공부와 관련해서만이 아니라 뇌가 우리의 모든 활동 영역에서 얼마나 중요한 역할을 하는지 각종 매체에서 자주 다루고 있기 때문일 것이다.

　뇌의 중요성에 대해서는 사실 전문적인 설명을 할 필요도 없다. 우리의 일상을 한번 돌아보라. 화가 나거나 무언가 큰 걱정거리가 있으면 일이 손에 안 잡힌다. 이는 뇌파가 불안정한 상태에 있기 때문이다. 반대로, 즐거운 일이 있으면 표정부터 밝아지는데, 이는 편안하게 안정된 상태의 뇌파가 흐르고 있기 때문이다.

　인간의 모든 사고와 행동은 뇌에서 시작된다. 뇌가 우리에게 '아프지 않다'는 정보를 내보내면, 설사 다리가 부러지고 피가 철철 흘러도 고통을 느끼지 않는다. 그런가 하면, 다리가 절단돼 없는데도 다리에 가려움이나 통증을 느끼는 이른바 환지통이라는 게 있다. 다리의 실재 여부와 관계없이 뇌가 보내는 정보에 따라 느끼기 때문이다. 이처럼 막강한 영향력을 가지고 있는 뇌가 아이의 학습 태도나 능력에도 영향을 미치는 것은 당연하다.

　요즘의 산모들은 태교를 중시하는데, 태교라는 게 한마디로 뇌 교육이다. 태교는 임산부의 행동이 심리적, 정서적, 신체적으로 태아에게 영향을 끼친다는 것을 근거로 한다. 임신 중에 태아에게 좋은 영향을 끼쳐 세상에 나온 후 더욱 잘 자라도록 미리 준비해주는 것이다.

　그런데 태교를 중시하면서도 태아의 뇌 교육에는 별다른 신경을 쓰지 않는 것 같다. 뇌 교육의 원리를 정확히 이해하지 못해서 그렇다. 한 수학 선생님은 임신 중에 태아를 위해 수학 공부를 했다. 이제 곧 태어날 아이를 위해 자신의 전공과 관련된 『수학의 정석』을 반복해 공부했다. 그러나 이는 교육을 위한 태교라 할 수 없다.

뇌는 이미 인식하고 있는 것을 학습으로 받아들이지 않는다. 수학 선생이라면 자다가도 일어나 강의를 할 수 있을 정도로 수학 문제 풀이에는 능통하다. 수학 선생의 수학 공부는 일상적인 활동이지 공부가 아니라는 이야기다. 즉, 산모의 뇌가 이미 인식하고 있는 영역이므로 태아의 뇌 활성화에 아무 도움이 되지 않는다. 태교를 위한 공부는 뇌가 아직 받아들이지 않은 새로운 학습이어야 한다.

인간은 태아 때 1000억 개의 세포가 만들어져 3세까지 지속적으로 형성된다. 생후 6개월이 되면 눈, 귀, 코 같은 신체 기관들의 기능을 왕성하게 하기 위해, 뇌에서는 일종의 땅따먹기와도 같은 세포 활성화가 이루어진다. 이 때가 우리 몸의 감각기관들이 자기 영역을 구축해가는 시기이다. 그래서 이 기간에 만약 귀를 막으면 귀머거리가 되고, 눈을 한 달만 가려놓아도 장님이 된다.

그래서 외국에서는 이 시기에 아이들에게 수영을 가르쳐 감각기관의 활성화를 돕는다. 우리나라에서도 옛날 어른들은 이 시기의 아이들에게 도리도리를 시키거나 주먹을 쥐었다 펴게 하는 '쥠쥠' 같은 것을 시켰다. 인간의 뇌세포는 얼굴과 손에 가장 민감하게 연결돼 있기 때문이다.

뇌의 발달 과정을 시기별로 정리하면 이렇다. 수태 후 4주가 되면 뇌세포가 만들어지고, 출생을 할 때는 이미 1000억 개의 뇌세포가 만들어진다. 3세까지는 뇌세포의 신경 네트워크가 조직되어 약 10조 개 이상의 시냅스가 생성된다. 3~6세에는 인간의 정신 활동을 주관하는 전전두엽이 완성된다.

7~15세에는 좌우뇌의 균형이 이루어지며, 전체적으로 뇌가 형성된다. 15

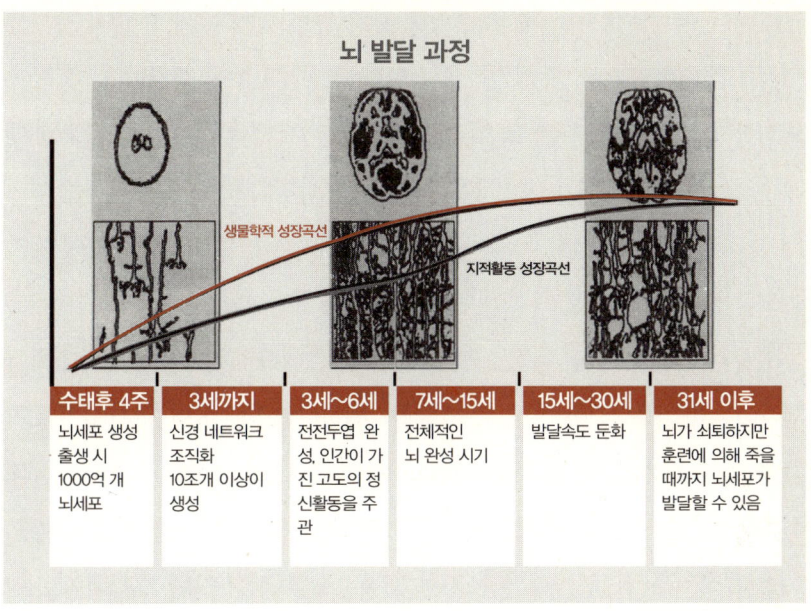

세를 넘으면 벌써 뇌의 발달 속도가 둔화된다.

그런데 우리 인간의 지식이나 정보는 뇌세포를 연결해 주는 시냅스 형성이 왕성해지는 3세에 대부분 만들어진다. 결국, 이 시기에 교육의 90퍼센트가 완성된다 해도 과언이 아니다. 따라서 돌이 되기 전까지는 애가 알아듣든 못 알아듣든 책을 많이 읽어주어야 한다. 이 시기에 책을 읽어주면 나중에 말문이 트였을 때 그 내용을 다 말하는 것을 보고 깜짝 놀라게 된다. 그런데 우리 부모들은 "엄마 해봐, 아빠 해봐" 하며, 단어만 이야기할 뿐 문장이나 책 읽기를 통해 시냅스를 연결시켜 주는 학습에는 미치지 못한다.

6세 이전에 전두엽이 거의 완성된다는 건 이 시기에 언어 형성이 끝난다는 이야기다. 따라서 이 시기에 모국어를 충분히 익히게 해야 한다. 7~15세까지는 전체적인 뇌가 완성되는 시기이다. 본격적인 외국어 교육을 모국어 형성기가 끝나는 6세 때부터 시켜야 한다. 그래야 언어를 다루는 뇌 영역에서 충돌이 생기지 않는다. 그런데 과거 우리나라 학교에서는 이 시기를 넘어가 중학교에 들어가서야 외국어를 배우기 시작했다. 그리고 어떤 가정에서는 모국어 형성기인 6세 이전에 영어를 가르치기도 한다.

'공부가 팔자'라는 건 바로 이런 뜻에서 한 말이다. 태아 시절에, 시냅스가 연결되기 전인 3세 이전에, 그리고 전전두엽이 완성되는 6세 이전에 이미 학습 능력의 태반이 결정된다는 뜻이다. 사실, 이런 말은 하기가 조심스럽다. 뇌력이 공부에 얼마나 중요한지, 또 태교와 영아 교육이 왜 필요한지를 강조하기 위해 이런 표현을 쓰긴 했으나, '공부가 팔자'라고 하면 후천적인 노력은 의미 없다는 말로 오해할지 몰라서다.

그래서 다시 그 뜻을 풀어서 설명해본다. '공부는 팔자인데, 그 팔자는 스스로 바꿀 수 있다'고. 다음 장에서 자세히 설명할 '뇌파 조절에 의한 학습 유도'가 그렇다. 뇌 훈련은 학습뿐 아니라 명상이나 건강을 위해서도 필요한데, 뇌는 30세 이후부터 쇠퇴하기는 하나 훈련을 하면 우리의 뇌세포는 죽을 때까지 발달할 수 있다.

중요한 건 뇌력과 학습 능력의 상관관계를 이해하는 일이다. 뇌 상태를 어떻게 조절하고 유지하느냐에 따라 학습 능력은 크게 달라진다. 원리를 이해하고 그 원리를 잘 적용하기만 하면 우리 아이들의 공부 팔자는 바꿀 수 있다.

뇌는 고정돼 있지 않다

알파파니 베타파니 하는 용어는 이제 웬만한 사람들도 다 안다. 뇌세포들은 서로 정보를 교환할 때 전기신호를 발생시키는데, 이 전기신호가 바로 뇌파다. 뇌파는 원인이면서 결과다. 스트레스를 받거나 심리가 불안하면 안 좋은 뇌파가 흐르고, 안 좋은 뇌파가 흐르면 다시 심리가 불안해진다. 이 말은 결국 우리 스스로 뇌파를 조절할 수 있다는 뜻이기도 하다. 명상가들이 바른 자세로 앉아 호흡을 안정시키는 것이 바로 좋은 뇌파를 활성화하기

뇌파의 종류

종류	진동수(Hz)	정신 상태	진폭	세포	심리	각성 시
델타파(δ)	0~3	깊은 수면	고	다	내면	육체적 안정
세타파(θ)	4~7	수면			내면	주의각성
알파파(α)	8~12	안정, 휴식			중간	정신적 안정
저베타파($β_l$)	13~20	작업 중			표면	각성활동
고베타파($β_h$)	21~30	작업 중 스트레스			표면	정신적 불안
감마파(γ)	31~50	스트레스 흥분	저	소	표면	스트레스
SMR파	12~15	각성, 준비				주의각성

위한 준비 작업이다.

뇌파 중에서 진동수가 가장 낮은 델타파는 아주 깊은 수면 때나 의식이 없는 혼수상태에서 나오고, 가장 높은 감마파는 극도의 흥분과 불안 상태에서 나온다. 깨어 있는 상태에서 가장 안정된 뇌파는 알파파다. 알파파가 나올 때는 엔도르핀이라는 호르몬이 분비되어 기분이 좋아지고 기억력과 집중력이 증가하며 피로도 쉽게 풀린다. 이처럼 정신과 신체 모두에 긍정적인 영향을 미치므로 학습에도 당연히 큰 도움이 된다. 한때 수험생들 사이에서 유행한 뇌파 학습기가 바로 이런 원리를 이용한 것이다.

옆의 두 뇌파를 비교해보자. 한눈에 보기에도 모습이 완전히 다른 것을 알 수 있다. 뇌파 1이 조용하게 안정돼 있다면, 뇌파 2는 마치 해일이라도 밀려오듯 사납고 거칠다. 뇌파를 처음 보는 사람도 이 중 어느 쪽이 바람직한 상태인지 짐작할 수 있을 것이다. 뇌파 1은 공부를 잘하는 학생의 뇌파이고, 뇌파 2는 스트레스를 받는 학생의 뇌파다. 게임에 열중하고 있을 때 이런 뇌파가 나온다.

한번 이런 뇌파가 형성되면 안정된 뇌파로 돌아오기까지는 꽤 많은 시간이 걸린다. 한 시간 동안 게임을 했다면 적어도 세 시간은 지나야 불안정한 뇌파가 사라진다. 몇 시간 동안 게임을 하고 나서 "자, 이제 공부 좀 해볼까" 하고 책상 앞에 앉는다고 해봐야 집중이 될 리 없다.

시험을 앞두고 하는 벼락치기 공부가 생각만큼 효과가 없는 것도 시험에 대한 압박감 때문에 이미 공부하기에 부적절한 뇌파가 형성돼 있기 때문이다. 하기야, 뇌파를 잘 조절할 수만 있다면 벼락치기 공부는 학습 시간 대비

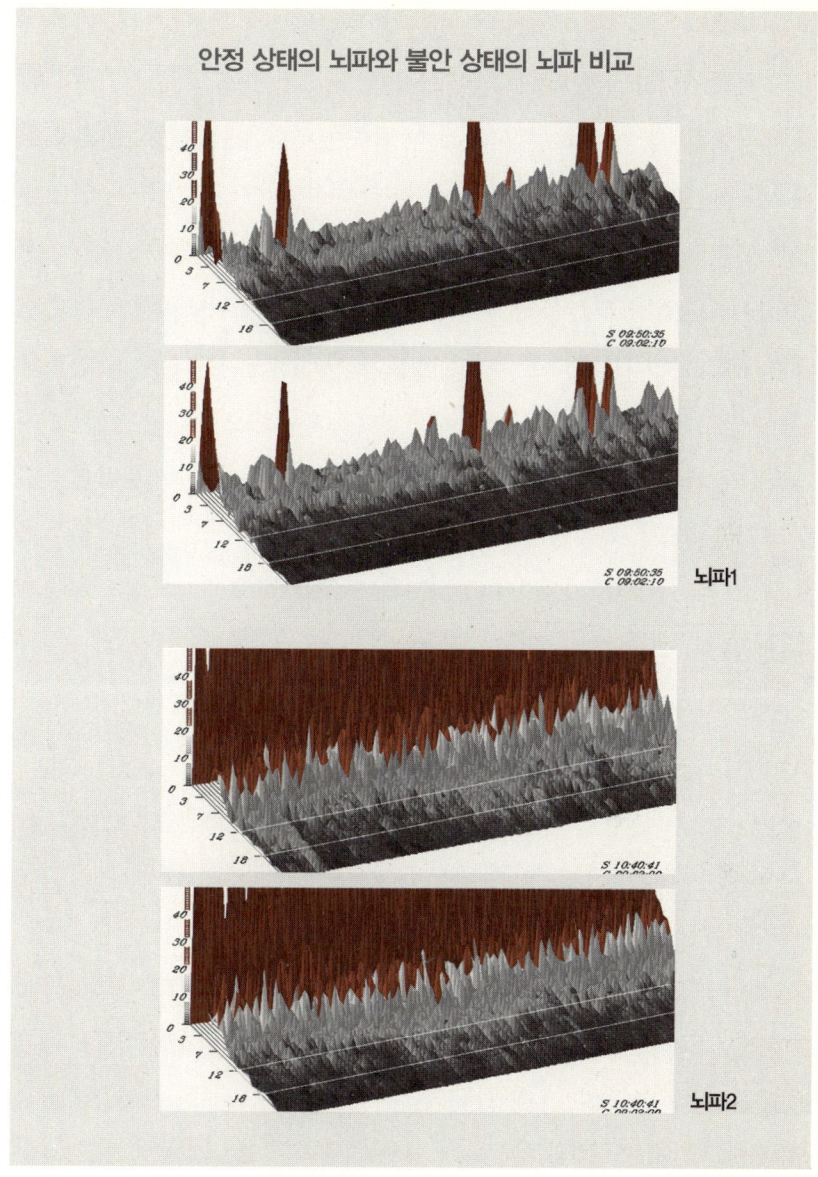

STEP 1_ 뇌 기능 활성화

가장 유효한 시험 준비가 될 수도 있다. 운동선수들이 경기 날짜에 맞춰 자신의 최고 컨디션을 맞춰가는 것이 그런 예다.

뇌파가 중요한 이유 하나를 더 보자. 뇌파 2는 '주의력결핍과잉행동장애', 즉 ADHD 성향을 보이는 아이들에게서 많이 볼 수 있다. ADHD는 뇌의 발달과 연관해 신경발달장애, 과잉행동, 충동적인 행동, 주의력 문제를 일으킨다. 이러한 ADHD는 특히 최근 들어 발생 빈도가 뚜렷하게 늘어나고 있으며 학령기 아이들의 4~12퍼센트 정도가 이에 해당하는 것으로 보고 있다. 그 증상은 7세 이전에 시작해 사춘기까지 지속되고 심하면 성인기까지 지속된다. ADHD의 증상들은 아이마다 다르게 나타나지만 일반적으로 다음과 같은 특징들을 보인다.

- 부주의하고, 주의가 쉽게 분산된다.
- 차분하지 못하고, 가만히 앉아 있을 수 없을 정도로 안달한다.
- 수업 중에 자주 소리를 지른다.
- 교사나 부모의 지시 사항이나 요구 사항을 끝까지 따르지 못한다.
- 하나의 활동을 마무리하지 못하고 다른 활동으로 넘어간다.

이런 아이가 공부를 잘할 리 없다. 한 연구에 따르면 ADHD 아동의 최소 20퍼센트에서 학습장애가 나타났다고 하는데, 이는 일반적인 빈도보다 훨씬 높은 것이다. 그리고 ADHD 아동은 학습장애와 더불어 반항장애와 품행장애도 보인다. 그래서 극도로 부정적인 행동을 서슴지 않고, 화를 내거나 비열한 행동들을 자주 한다. 그 결과 학교 공부에서 뒤처질 뿐 아니라 사회에 나와서도 반사회적 행동 경향을 보인다.

문제는 이런 증상이 후천적으로 만들어질 수도 있다는 점이다. 뇌파는 원인이자 결과라고 했다. 뇌는 한 가지 상태가 오래 지속되면 그것을 자기 것으로 받아들여 고착시킨다. 아침에 늘 늦잠을 자는 사람의 뇌는 늦게 일어나는 것을 정상 상태로 인지해 신체 리듬을 거기에 맞춘다. 결국, 흥분 상태와 스트레스를 지속적으로 경험하는 아이는 뇌파 2의 상태가 오래 고착되면서 점차 ADHD 증상을 보일 수도 있다는 이야기다.

뇌의 능력을 판단하는 브레인지수

뇌파와 함께 꼭 점검하고 넘어갈 것이 하나 있다. 바로 브레인지수(BQ)다. '뇌지수'라고도 하는 브레인지수는 자기조절지수, 기초율동지수, 주의지수, 활성지수, 정서지수, 스트레스지수, 좌뇌와 우뇌의 균형 등 일곱 가지를 기반으로 뇌의 기능을 종합 평가한 지수를 말한다. 한마디로 아이큐가 기본 능력을 말한다면, 브레인지수는 특정한 기능의 활성도를 뜻한다. 이 브레인지수는 정신적·육체적 건강 상태와 밀접한 관계가 있으며, 자신의 노력으로 발달시킬 수도 있다.

브레인지수는 지능과는 관계가 없으나 아이의 학습 능력과는 밀접한 상관관계가 있다. 예를 들어 브레인지수에서 자기조절지수는 스스로를 조절하는 능력을 지수로 나타낸 것인데, 이 지수가 높을수록 학습에 성실히 임한다. 또, 주의지수는 뇌의 각성 정도와 질병이나 스트레스에 대한 저항력을 나타내는 지수로서, 이 지수가 높을수록 뇌가 맑게 각성되어 있어 학습 능력과 면역기능이 뛰어나다. 이런 이유로 브레인지수는 최근 들어 지능지수보다 더 중요하게 여겨지고 있으므로, 자녀의 학습 능력에 관심이 있는 부모라면 반드시 체크해보는 것이 좋다.

뇌의 중요성을 말하려면 끝이 없다. 우리의 학습 능력, 업무 능력, 건강과 심리적 정서 모두 뇌에 달려 있다. 우리가 공부를 잘하고 못하고를 결정하는 가장 기본적인 요인은 주변 환경이나 유전자가 아니라 뇌 상태이다. 그래서 근래에는 뉴로피드백(Neuro Feedback)이라는 뇌 신경조직과 네트워크를 재조직해 뇌를 스스로 활성화하는 과학적인 뇌 훈련법도 나와 인기를 끌고 있다.

이제는 단순히 열심히 책을 들여다보며 공부만 하는 시대가 아니다. 모든 것이 과학화된 지금은 공부 또한 과학적으로 접근해야 하는데, 그중에서도 가장 필요한 것이 뇌 상태를 파악하는 일이다. 다행히 뇌는 고정돼 있는 게 아니어서 훈련으로 조절하고 계발해 나갈 수 있다.

뇌 훈련 사례

사례 1 **시험 불안 극복 후 서울대 합격**

이 학생이 상담을 하러 찾아온 때는 고교 1학년 2학기 중간고사가 끝나고 난 후였다. 중학생 때부터 꾸준히 전교 1등을 했으며 서울대를 목표로 하기에 외고를 갈 실력이 되었는데도 일반고로 진학했다고 한다. 고등학교를 입학할 때도 전교 1등으로 들어갔다고 한다.

그러나 첫 1학기 중간고사 국어 시험에서 몇 문제를 실수로 틀리는 바람에 전교 10등으로 밀렸다. 다음 1학기 기말고사와 2학기 중간고사에서 점수를 회복하기 위해 노력했지만 점수를 올리지는 못했다. 결과가 이렇게 되니 이젠 시험 불안 때문에 집중력이 떨어지는 현상까지 생겼다.

뇌파 검사 결과, 학습 능력이 전반적으로 높은 데 비해 감정 통제 등의 정서지수는 다소 낮았으며 특히 스트레스가 많은 편이었다. 검사 후 5개월 간 시험 불안을 극복하고 스트레스 조절력을 강화하기 위한 뉴로피드백 훈련을 받았다. 훈련 시작 후 기말부터 성적이 오르더니 2학년부터는 줄곧 전교 1등을 유지했다. 그리고 얼마 전 서울대 경영학과에 합격했다는 기쁜 소식을 전해왔다.

사례 2 | 책을 좋아하게 된 아이

성준이는 멘토솔루션에서 컨설팅을 받은 결과, 훈련이 필요하다는 권유에 따라 만나게 되었다. 귀엽고 성실해 보이는 초등학교 3학년생인 성준이는 겉모습으로는 모범생 그 자체였다. 그러나 뇌파 검사를 해보니 단기기억력은 우수하지만 감정 통제와 행동 통제가 상당히 안 되는 편이며, 좌우 뇌의 리듬이 깨져 있어 말과 행동이 다르고, 글의 내용을 빨리 받아들이고 통합하는 사고력이 약하며, 책 읽기를 힘들어하였다.

좌우뇌의 균형을 맞추고 뇌파 조절을 통해 감정 조절력을 강화하는 뉴로피드백 훈련과, 행동 조절력과 집중력을 강화하는 감각 통합 훈련을 진행하기로 했다. 2009년 11월부터 주 2회씩 뉴로피드백을 40분, 감각 통합 훈련을 25분 동안 받기 시작했다. 훈련을 시작하고 나서 매월 부모와 훈련한 결과를 놓고 상담을 했다. 첫 달 훈련 상담에서 "성준이가 요즘은 짜증도 많이 줄고 고분고분해졌다", "책을 읽기 시작했다"는 등의 긍정적인 이야기를 들을 수 있었다. 그 다음 달 상담에서도 "꾸준히 자세가 좋아지고 친구 관계가 좋아지고 공부를 즐겁게 하기 시작했다"는 말을 들을 수 있었다.

사례 3 — **뉴로피드백 훈련으로 사춘기 감정 조절은 물론 학습 능력까지 향상**

사춘기는 인생에서 당연히 거쳐야 할 발달기로서 부모에게서 육체적, 정서적 독립을 하고 자신만의 자아를 완성하는 시기다. 그러나 사춘기를 유독 심하게 겪는 아이들이 있다. 이들의 뇌파를 검사해보면 좌우뇌의 균형이 심하게 깨져 있는 경우가 많다.

그렇다면 좌우뇌의 균형이 깨지면 어떤 현상이 일어날까? 첫째, 감정 조절이 안 된다. 둘째, 말과 행동이 다르다든지 논리적이던 아이가 비논리적이고 고집을 부리는 등 반항을 하기 시작한다. 셋째, 글이 머리에 잘 들어오지 않고 내가 뭘 어떻게 해야 할지 판단하기 어려워한다.

재경이는 중학교 1학년 때 어머님이 "아이가 말도 안 되는 진로를 선택하려 한다"며 데리고 오셨다. 초등학생 때는 부모 말도 잘 듣고 공부도 열심히 하던 아이였는데 반항심이 생긴 후로 성적이 하위권으로 떨어지자 무기력해지면서 아무것도 하려 하지 않는다고 했다.

진로 검사와 뇌파 검사 후, 진로는 뇌파가 안정된 다음 다시 검사해서 정하기로 하였다. 그런 다음 주 2회 뉴로피드백 훈련을 시작했다. 1년 동안 꾸준히 뉴로피드백 훈련을 한 결과, 재경이는 무기력을 극복하고 학습 능력도 사춘기 이전보다 더 높아졌다. 가장 눈에 띄는 변화는 학교생활이 매우 성실해지고 수업 태도가 좋아졌으며, 생활 계획을 세우고 자기주도학습을 잘 하는 아이가 되었다는 것이다.

정서·심리 강화

부모가 바뀌면
아이도 바뀐다

엄마는 아이를 두 번 낳는다

　첫아이를 낳은 엄마들 가운데는 출산의 고통이 얼마나 힘든지 다시는 아이를 낳지 않겠다고 말하는 엄마들이 많다. 자연분만보다 제왕절개 출산이 늘어나는 것도 어쩌면 그 때문일 것이다. 그러나 서툰 발음으로 "아빠 엄마" 말하기 시작하고 아장아장 걷기 시작하면 깨물어주고 싶은 귀여운 모습에 출산의 고통 따위는 잊어버린다.

　그러다가 다시 아이가 지긋지긋해지는 때가 온다. '미운 일곱 살'이라고 부르는 최초의 반항기부터 시작해 아이가 학교에 다니고 밖으로 도는 때부터 자식 키우는 게 얼마나 힘든지 느끼게 된다. 자기 마음 같지 않게 자라는 아이와 온갖 씨름을 하다 보면 "무자식이 상팔자"라는 옛말이 비로소 실감 나게 다가온다.

　그렇다. 출산의 고통은 양육의 어려움과 견주면 아무것도 아니다. 그리고 양육이 시작되는 이때야말로 진정으로 하나의 존재를 탄생시키는 새로운 출산기라 할 수 있다. 세상에 나올 때는 어느 아이나 비슷하다. 그러나 교육을 받고 자기만의 개성도 생기면서 어느 누구와도 다른 독립된 인격체가 만들어진다.

교육 문제에 관한 한 엄마의 영향력은 절대적이다. 아이가 무슨 문제라도 일으키면 아빠가 대뜸 말한다. "집에서 애 하나 제대로 교육하지 못하고 뭐 하는 거야!" 아이의 교육은 부모 공동의 책임이므로 다소 무책임한 발언이긴 하나, 현실적으로 아이와 더 많은 시간을 보내는 엄마의 역할이 클 수밖에 없다.

요즘 엄마들 치고 아이의 교육에 무관심한 사람은 없다. 오히려 관심이 지나쳐 문제가 될 정도다. 그런데 대부분 올바른 지도 방법을 알지 못해 엄마도 아이도 힘들어한다. 아이의 성격, 친구들과의 관계, 용돈 문제, 학교 성적 등 하나같이 만만치 않은 지도와 관리가 필요한데 어떻게 해야 할지를 모른다.

정보가 없어서가 아니다. 온갖 매체가 발달해 정보는 차고 넘칠 정도로 많지만, 막상 자기 아이에게 적용하려면 쉽지가 않다. 집안마다 환경이 다르기 때문이기도 하지만, 대개는 알고 있는 정보보다 엄마의 욕심이 앞서기 때문이다.

우리 엄마들이 아이를 어떻게 키우고 있는지 한번 살펴보자. 지금까지 교육상담가로 일해오면서 내가 본 유형은 대략 다음의 네 가지로 분류할 수 있다.

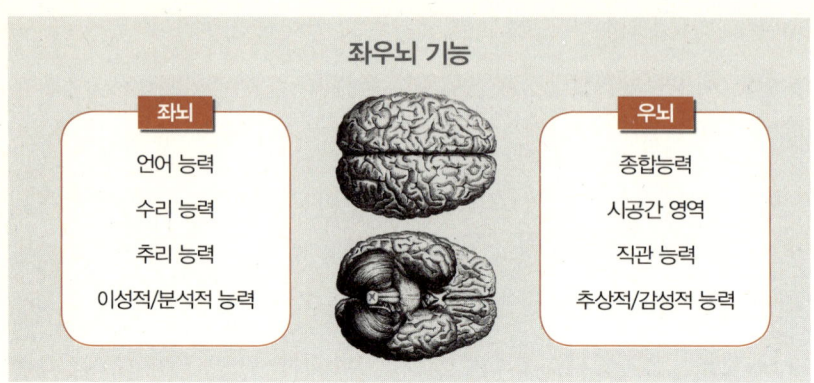

콩나물 기르기형(완전 우뇌형)

콩나물은 방에서 애지중지 키운다. 콩을 시루에 담아놓고는 수시로 물을 주며 기른다. 방을 나가면서 한 번, 들어오면서 한 번, 화장실에 다녀오면서도 한 번, 아까 주었는지 안 주었는지 기억이 안 나서 무조건 또 한 번. 이처럼 방에 고이 모셔놓고는 거의 무의식적으로 물을 반복해서 주면서 키운다.

우리나라 엄마들은 대부분 아이를 콩나물처럼 키운다. 혹여 잘못된 길로 들어설까 봐 온갖 정성을 들여 애지중지하며 키우는 것이다. 손이 많이 가는 가장 번거로운 방식이지만, 그것을 엄마의 의무요 책임이라 생각한다.

그런데 콩나물은 물을 너무 많이 주면 썩는다. 아이들 역시 온갖 정성을 들여도 물 많은 콩나물처럼 썩을 수도 있다. 과잉보호의 폐단이다. 이런 유형의 엄마는 애지중지하는 마음을 조금 접고 절제 있는 관리를 배워야 한다.

그러나 콩나물처럼 키워야 할 아이들도 있다. 심리와 정서가 ENFP형(스파크형, 98쪽 참고)이거나 뇌 성향이 완전 우뇌형인 아이들은 부모가 앞에서 끌면서 강하게 이끌어주면 거기에서 부모의 사랑을 느끼며 불안감을 해소할 수 있다.

채소 기르기형(이과성 우뇌형)

이 유형의 아이들을 제대로 교육하려면 거의 교육 전문가 수준의 지식을 갖춰야 한다. 채소를 재배하려면 전문적인 기술이 있어야 한다. 콩나물처럼 수시로 물만 주면 되는 게 아니다. 각 채소마다 자라는 토양부터 다르다. 그리고 솎아주기, 김매기, 가지 쳐주기, 버팀대 세워주기 등 섬세한 관리가 필요하다. 씨앗을 직접 뿌려야 하는 채소가 있고, 모종으로 시작해서 옮겨 심는 게 좋은 채소도 있다. 이런 모든 걸 제대로 하는 부모라면 1등 관리자다.

이과성 우뇌형 아이들은 장기적인 계획을 세우고 아이가 스스로 공부할 수 있도록 꾸준한 관리와 지도를 해야 할 필요가 있다. 그러나 엄마 혼자 이런 역할을 하기는 어렵다. 정보와 지식에 의존하다가 잘못 적용할 수도 있고, 열의가 지나쳐 아이를 수동적으로 만들 위험도 있고, 첫아이는 시행착오로 끝내고 둘째 아이부터 새로운 각오로 잘해보려다가 본의 아니게 형제에게 차별받는다는 느낌을 줄 수도 있다. 이런 아이를 둔 엄마는 적절한 전문가의 도움도 받아야 하고, 정보 취합과 선택에도 남다른 주의가 필요하다.

벼 기르기형(강한 우뇌형)

못자리를 할 때 특히 손이 많이 가는 벼는 애지중지하는 점에서는 콩나물과 같다. 그러나 벼는 콩나물처럼 시시때때로 정성을 들이지 않아도 된다. 모내기를 끝내고 논에 심어놓고 나면 필요한 시기마다 적절한 관리만 해주면 된다.

초등학교 3학년 때까지는 못자리 단계다. 그래서 엄마의 손이 많이 갈 수밖에 없다. 이 시기에 부모는 아이가 좋아하든 싫어하든 부모 중심으로 움직여야 한다. 그렇게 하지 않으면 자기가 좋아하는 것만 하려고 든다. 그러나 4학년이 되면 못자리에서 논으로 벼를 옮겨 심어야 한다. 이때부터 엄마는 아이를 마냥 어린애로 보지 말고 아이 스스로 장기적인 계획을 세울 수 있도록 도와주어야 한다. 그리고 스스로 실천할 수 있도록 적절히 관리만 하면 된다.

칡 기르기형(좌뇌형)

좌뇌형 아이를 둔 부모는 교육에 관한 한 복 받은 부모라고 할 수 있다. 칡은 알아서 내버려두어도 혼자 잘 큰다. 그리고 집에서 기르는 것도 아니고 산이나 들에서 야생으로 자란다. 아무런 관리를 해주지 않아도 쑥쑥 자란다. 이런 칡처럼 아무런 지도나 간섭이 없어도 스스로 알아서 공부하는 아이들이 이 부류에 속한다.

칡형 아이들은 주로 좌뇌형 아이들로서 순차적 사고가 강하다. 그래서 순차적 사고가 필요 없는 초등학교 저학년까지는 크게 두드러지지 않을 수 있으나, 고학년에 올라가면서 두각을 나타낸다.

콩나물, 채소, 벼, 칡 등 네 가지 성향의 아이들 가운데서 벼 성향의 아이들이 가장 이상적이라고 생각한다. 그러나 이는 엄마가 아이를 어떻게 키우느냐에 따라 달라진다. 벼처럼 키우려면 반드시 장기적인 계획이 있어야 한다. 먼 미래를 내다보고 단계별로 하나씩 이루어갈 목표가 분명해야 한다. 그래서 계획은 장기적으로 세울 수밖에 없다. 그리고 엄마는 아이와 함께 계획을 실현할 구체적인 방안을 만들고 실천해야 한다.

지혜로운 엄마는 출생 순위도 고려한다

부모에게 자식은 다 똑같겠지만, 자식들 간에는 가족 내 서열에서 자신이 차지하는 위치가 다 다르다. 자식들은 서로 모방하기도 경쟁하기도 하고, 추종하기도 반발하기도 한다. 그리고 각자 자기 위치에 따라 책임감을 느끼는 정도가 다르고 부모에게 요구하는 것도 다르다.

지혜로운 부모라면 자식들 간의 미묘한 심리적 역학관계를 무시해서는 안 된다. 요즘엔 옛날처럼 장남을 무조건 중시한다거나 아들과 딸을 차별해 키우는 부모는 없다. 무의식적으로 어느 한 아이에게 더 관심을 기울일 수는 있겠지만, 기본적으로는 모든 자식을 평등하게 대한다. 그러나 부모의 태도와 상관없이 자식들은 서로 경쟁하거나 따라 하면서 각기 다른 행동양식을 보인다.

따라서 부모는 자식들의 이런 심리와 정서를 섬세하게 이해할 필요가 있다. 교육 문제에 적극적인 부모일수록 그런 이해는 필수적이다. 이는 자식들의 인격 형성과도 관계되는 문제로서, 당장의 학교 성적만이 아니라 자식들의 삶 전체에 큰 영향을 미치기 때문이다.

　아이들을 평등하게 대하는 것만이 능사가 아니다. 심리적으로 긴장돼 있거나 결핍 상태에 있는 아이가 있다면 조금 더 신경을 써주어야 하는 것은 당연하다. 그러기 위해서는 아이들의 성별이나 출생 순위가 심리 형성에 어떤 영향을 끼치는지, 또 학습에는 어떤 영향을 미치는지 알아두어야 한다.

형제

　형제는 컨설팅을 하기가 쉽지 않은 편이다. 형제는 모든 관계를 수직적으로 맺기 때문이다. 형이 공부를 잘한다고 치자. 그렇다면 동생도 공부를 잘할까? 아니다. 형이 공부를 잘하면 오히려 동생은 형을 따라가지 않는다. 동생은 대개 형이 가지고 있지 않은 다른 것을 추구하며 경쟁을 한다. 예를 들면, 운동을 잘한다든지 일찍부터 사회성이 발달한다든지 눈치가 빠르다든지 하는 식이다. 그래서 형이 공부를 잘하면 동생은 공부를 못할 확률이 높다. 반대로, 형이 공부를 못하면 동생이 잘할 확률이 높다.

　한번 이웃 가족을 유심히 보기 바란다. 형이 성실하고 모범적으로 공부하는 타입이면 동생은 공부와는 다른 예능이나 스포츠 등에 관심을 보이고, 형이 무언가 어긋나며 부모 속을 썩이면 동생은 얌전하고 착실한 편이다. 이렇게 형제는 상대적인 관계로 각자 다른 길을 걸어간다. 그런데 문제는, 형을 교육하는 데 성공하면 동생 교육도 비교적 수월한데, 형을 교육하는 데 실패하면 동생 교육도 실패할 확률이 높다는 것이다.

엄마가 형을 콩나물처럼 애지중지 키웠다고 하자. 그런데 형이 그에 반발해 엇나가고 말았다. 물론 성적도 바닥이다. 이럴 경우, 엄마는 형을 교육하면서 얻은 교훈 때문에 동생을 느슨하게 교육한다. 시행착오를 다시 겪고 싶지 않아서다. 그러나 이것이 실패를 부르는 결정적인 요인이 되고 만다. 행여나 형처럼 엇나갈까 봐 풀어주다 보면 동생도 결국에는 엄마의 바람대로 크지 않는 경우가 많다.

과거에는 대체로 형이 동생보다 공부를 잘했다. 공부뿐인가, 모든 면에서 형은 모범을 보였다. 그래서 "형만한 아우 없다"는 말도 나왔다. 그러나 지금은 대체로 아우가 형보다 더 잘한다. 적절한 동기부여에 실패해서 그렇다.

엄마들은 대개 이렇게 말한다. "네가 형이니까 참아야지, 네가 형이니까 모범을 보여야지, 동생보다는 조금 더 참고 희생해야지"라고 하면서 형에게 비교적 엄격하게 대하면서 매사에 본이 되기를 바라는 것이다. 이것은 부모들이 장남과 자신을 동일시하기 때문이다. 그래서 형이 수학에서 100점을 맞았다고 해도 "이번 수학 시험이 쉽게 나왔나 보구나" 하면서 쉽게 인정을 하지 않는다. 반면, 동생의 실수나 부진한 성적에는 관대하다. 이런 일이 계속 되면 형은 공연히 위축되고 동생은 느슨해진다. 이렇게 형에 대한 엄마의 동기부여가 실패하면 자연히 형은 추락할 수밖에 없다.

캐나다의 한 연구 기관에서 발표한 자료에 따르면, 대체로 형이 동생보다 지능이 높다고 한다. 그러나 형은 대부분 고지식한 모범생에 수동적인 편이라고 한다. 그래서 형은 외부적인 욕구가 크다. 엄마의 지나친 통제와 억압이 그렇게 만든다. 그런 까닭에 형은 과거보다 학습 능력이 떨어져 있다고 한다. 반대로, 동생은 내부적인 욕구가 많다. 그래서 자기중심적이다. 간섭과 통제, 억압이 형보다 비교적 적기 때문이다.

　형과 동생은 수직적인 관계지만 동생은 결코 형을 따라 하지 않는다. 형이 무언가를 잘하면 잘하는 대로, 못하면 못하는 대로, 형과는 다른 것을 가지고 형과 경쟁을 한다. 그리고 형과 동생이 둘 다 공부를 잘하는 예는 드물다. 형제가 모두 공부를 잘하는 경우는 엄마가 균형 잡힌 교육 컨설턴트로서 아이들을 편하게 대해주었을 때다.

　실제로 요즘 사례를 보면 경제적, 정서적으로 안정된 집안은 형이 공부를 잘하는 편이며, 반대로 부부가 맞벌이를 하거나 아이들과 대화할 시간이 부족한 집안은 동생이 잘하는 편이다.

자매

　자매는 형제와는 달리 수평적인 관계를 맺는다. 그리고 언니가 잘하면 동생이 언니를 따라간다. 또, 형제는 다른 것을 가지고 경쟁하지만 자매는 똑같은 것을 가지고 경쟁한다. 그래서 자매의 동생은 공부와 학습 패턴뿐 아니라 생활 습관까지도 언니를 따라한다. 결혼 역시 대개는 언니가 시집을 잘 가면 동생도 잘 가고, 언니가 못 가면 동생도 못 간다.

　이처럼 자매는 서로 모방하는 관계다. 그래서 엄마가 가르치기도 좋으며 관계를 유지하기에 가장 좋은 패턴이 바로 자매다. 이런 점에서 엄마는 언니에 대한 컨설팅에 적극적으로 나서야 한다. 그러면 동생도 힘들이지 않고 키울 수 있다.

그런데 경쟁 구도는 형제가 강할까, 자매가 강할까? 자매가 형제보다 훨씬 더 강하다. 수직적 관계인 형제보다는 수평적 관계인 자매가 서로 더 비교하고 욕심도 훨씬 강하다. 그러나 자매는 선의의 경쟁 관계라서 자칫하면 생길 수 있는 잘못된 경쟁을 걱정할 필요가 없다.

남매

남매는 두 가지 패턴으로 나눌 수 있다. 형제 같은 남매, 자매 같은 남매가 그것이다. 형제 같은 남매는 오빠와 여동생 관계이고, 자매 같은 남매는 누나와 남동생 관계이다. 형제와 자매가 다르듯, 이 두 가지 패턴은 완전히 다르다.

오빠와 여동생인 경우, 여동생은 오빠의 CCTV라 할 수 있다. 오빠의 일거수일투족을 감시하기 때문이다. 여동생은 마치 감사라도 하듯 오빠의 일상을 하나도 빠뜨리지 않고 엄마에게 보고한다. 또, 눈치가 빨라서 자기 일은 알아서 자기가 챙긴다. 똑같이 잘못을 한 경우, 오빠는 혼나지 않을 것도 혼나지만 여동생은 알아서 처신을 하기 때문에 혼나지 않는다.

그리고 대체로 여동생이 아빠의 사랑을 독차지한다. 그럴수록 오빠는 위축된다. 학습 능력이 떨어질 뿐 아니라 자존감도 떨어진다. 거기에 공부까지 시원치 않으면 자신감까지 잃어버린다. '나는 능력이 없나 보다' 하는 자괴감에 빠지기 쉽다는 말이다.

그러므로 이 경우에 엄마는 여동생보다는 오빠의 컨설턴트가 되어야 한다. 모든 것을 오빠에게 초점을 맞추어 자신감을 잃지 않고 공부할 수 있는 환경을 만들어주어야 한다. 칭찬은 필수고, 격려도 좋은 처방이 된다. 그렇다고 여동생은 방치해도 될까? 그렇다. 오빠만 잘하면 여동생은 알아서 계획을 세우고 자신의 길을 개척한다. 모든 중심을 오빠에게 맞추기 때문이다.

누나와 남동생의 경우는 엄마가 별로 걱정하지 않아도 된다. 누나가 하는 것을 남동생이 그대로 따라 하기 때문이다. 그래서 대부분 여성화 경향을 보이기도 한다. 주변에 이런 사람이 있다면 열에 아홉은 자매 같은 남매 환경에서 자랐다고 보면 된다. 자매 같은 남매에서 누나는 대개 엄마 역할을 하고, 남동생은 누나를 잘 따른다. 그래서 한 집안의 누나를 보면 그 엄마를 알 수 있다. 누나는 엄마에게 배운 것을 동생에게 그대로 적용하기 때문이다.

외동아이

외동아이는 컨설팅이 반드시 필요하다. 모방이나 경쟁할 상대가 없어 자기를 견인할 자극이 약하기 때문이다. 외동아이는 대개 어려움 없이 자라기 때문에 자기가 원하고 좋아하는 쪽으로만 가려는 성향이 강한데, 이런 본능적 성향을 엄마가 잡아주어야 한다. 외동아이가 잘 자라느냐 그렇지 못하느냐는 전적으로 집안의 컨설턴트인 엄마에게 달렸다.

외동아이들은 초등학교 3~4학년까지는 무조건 엄마의 틀에 따라 움직이게 해야 한다. 아이가 좋아하든 싫어하든 부모의 틀에 따라 학습할 수 있도록 도와주고, 5학년부터는 스스로 할 수 있도록 장기적인 계획을 짜준다.

그렇게 초등학교 초기부터 틀을 잡아주지 않으면 자기가 원하는 것만 하게 된다.

삼남매와 쌍둥이

다자녀 아이를 컨설팅할 때는 엄마의 가계도에 따라 달라진다. 즉, 엄마가 장녀인지 막내인지 외동인지에 따라 컨설팅을 달리해야 한다. 엄마가 장녀면 장녀에게 관대하고, 막내면 막내에게 관대하다. 장녀가 장녀 입장 헤아리고, 막내가 막내 입장을 알기 때문이다. 삼남매 집안에서는 대개 첫째는 엄격하게, 둘째는 중용으로, 셋째는 관대하게 대한다. 이러한 틀을 깰 필요가 있다. 대부분 첫째와 셋째는 원만한 관계를 형성하지만 둘째는 독립적이면서 강한 기질을 갖게 된다.

쌍둥이는 비록 똑같이 태어났지만 뇌 구조가 서로 다르다. 기질 역시 다르다. 그러므로 쌍둥이라 해서 똑같이 교육하는 것은 어리석은 일이다. 쌍둥이라 해도 각기 다른 개성을 지닌 인격체라는 것을 명심해야 한다. 쌍둥이는 성별에 따라 앞에서 말한 형제나 자매와 같은 구조를 가질 수도 있다. 그러나 중요한 것은 구조가 아니다. 어떤 구조든 아이의 기본 성향과 패턴을 잘 이해하고 컨설팅하는 것이 중요하다.

이렇게 세세하게 논하다 보면 자식 교육하기 참 힘들다는 생각이 들지 모른다. 그러나 어떻게 한들 힘들지 않겠는가. 섬세한 이해를 포기하고 즉흥적으로 막 대한다 해도 어렵고 힘들기는 마찬가지다. 그러나 마음먹고 아이들을 이해하려 노력하다 보면 교육 문제를 떠나서도 의외로 상쾌한 만족감을 느낄 수 있다.

　자식의 심리를 섬세하게 이해한다는 것은 그 자체로 부모의 긍지가 된다. 게다가 적절한 처방을 하고, 그에 따라 변화하는 아이를 지켜보는 것은 부모 자신의 성취감을 만끽하는 일이기도 하다. 모든 학부모님들, 파이팅!

남자와 여자, 공감 영역이 다르다

아내: "오늘 회사에서 어땠어?"

남편: "왜? 무슨 일 있어?"

아내: "아니, 그냥······."

남편이 퇴근해 집에 돌아왔을 때 나누는 일반적인 부부의 대화를 가상해보았다. 이러고 나면 남편은 '실없기는······' 하고 바로 잊어버리거나, 조금 안 좋은 쪽으로 빠지면 '저 사람이 나에 대해 뭐 의심하는 거라도 있나?' 하는 생각을 한다. 반면, 아내는 또 한 번의 익숙한 실망감을 맛보며 쓸쓸해할 것이다.

이런 평행선이 생기는 것은 기본적으로 남자는 목적 중심이고 여자는 관계 중심이기 때문이다. 아내는 대화라는 행위, 서로 말을 주고받으며 감정을 교류하는 그 자체를 즐긴다. 여자에게 대화란 주고받는 내용과 상관없이 두 사람이 특별한 관계임을 확인하는 소중한 행위이다.

그러나 남자에게 대화는 목적이 분명해야 한다. 목적이 있어야만 자기 행위가 '의미'가 있고 '가치'가 있다. 그래서 남자는 무엇이 알고 싶은 거냐고 되묻는다. 구체적으로 무엇이 궁금하다고 대답한다면 남자는 그것을 설명해 줄 용의가 있다. 그런데 아내가 목적도 없이 말을 걸어오고 있으니, 가뜩이나 피곤한 상태에서 시간을 허비하고 싶지 않다.

이런 식의 남녀 차이는 일상생활 어디에서나 나타난다. 여자가 백화점에서 사지도 않을 옷을 여러 벌 입어보는 것은 옷을 입는 행위만으로 즐거움을 느끼기 때문이다. 한번 입어보는 것만으로도 여자는 그 옷과 모종의 관계를 형성한다. 그러나 남자라면 살 목적이 없는 옷은 결코 입어보지 않는다.

세계적인 베스트셀러가 된 『화성에서 온 남자 금성에서 온 여자』라는 책이 있다. 30여 년 간 부부들을 위한 상담 센터를 운영하면서, 부부간 갈등의 원인과 치유법을 연구하는 데 몰두해온 존 그레이(John Gray) 박사의 책이다.

이 책의 핵심 주제는 제목에서도 드러나다시피 남녀란 각기 다른 행성에서 온 존재와 같다는 것이다. 겉보기엔 비슷하지만, 전혀 다른 언어와 정서와 사고 체계를 지니고 있다는 말이다. 그러나 이런 차이가 있음에도 사람들은 자기가 생각하거나 원하는 것을 상대도 원할 것이라고 믿는데, 바로 여기에서 남녀의 갈등이 시작된다고 한다.

이러한 갈등은 근본적으로 남녀의 유전자가 서로 다른 데 원인이 있다. 남녀 간의 생물학적인 차이는 나중에 성호르몬의 작용에 의해 더 벌어진다. 그래서 어떤 정보를 활용하거나 감정을 처리할 때 남녀는 각기 다른 뇌를 사용한다.

유전자니 호르몬이니 하는 것은 몰라도 이런 식의 남녀 차이는 이제 어느 정도 상식으로 되어 있다. 여자가 남자보다 주차를 잘 못하는 건 단순히 운전이 서툴러서가 아니라 남자보다 공간지각력이 떨어지기 때문이고, 말싸움에서 대부분 남자가 지는 것은 여자의 언어능력이 남자보다 뛰어나기 때문이라는 것도 널리 알려진 사실이다.

이렇게 남녀의 차이가 크고 다양하다면 아이를 교육할 때도 성별에 따라 지도하는 방식을 당연히 달리해야 한다. 남녀 차이는 어릴 때도 마찬가지이기 때문이다. 오히려, 어릴 때일수록 본능이 강하고 자기중심적이어서 이런 차이는 더 두드러진다.

갓난아이가 젖을 먹을 때도 여자아이는 젖을 빨면서 수시로 엄마를 올려다보지만, 남자아이는 젖을 빠는 일 하나에만 몰두한다. 여자는 전후관계를 살피는 거미집 사고를 하는 반면, 남자들은 한 번에 한 가지 일에만 집중하는 차이가 있기 때문이다. 이럴 때 엄마가 아이의 성별 특성을 이해하지 못한다면 젖을 충분히 먹었는지 더 먹여야 하는지 잘못 판단할 수 있다. 혹은, 아이의 반응에 엄마 쪽이 공연히 서운해하거나 당황해 아이의 정서에 나쁜 영향을 미칠 수도 있다.

여자들은 동시다발적으로 일을 한다는 것을 보여주는 예를 하나 더 들어보자. 여자는 쌀을 씻어 밥을 안쳐놓고 텔레비전을 보면서 다림질을 한다. 전화가 오면 텔레비전을 보면서 통화를 한다. 그러나 남자는 전화가 오면 텔레비전 소리를 줄여놓고 받는다.

컴퓨터 게임에 열중하고 있는 아들에게 엄마가 무슨 말을 하면 건성으로 대답만 할 뿐, 머리에 입력되지 않는다. 게임에만 열중하느라 엄마의 말이 귀에는 들어와도 머리에 저장되지 않는 것이다. 이럴 때 현명한 엄마라면 게임에 집중하고 있는 아들을 혼낼 것이 아니라 일단 신경을 엄마에게 돌리게 한 다음 이야기를 해야 한다. 말하자면, 공부를 시킬 때도 아들은 일단 한 가지에 집중을 시켜놓고 가르쳐야 한다. 그래야만 다음 단계로 넘어갈 수 있다.

이런 이유로, 아이를 교육할 때 성별 특성을 정확히 이해하는 것은 현대 엄마들에겐 필수적인 일이다. 공부방을 만들 때도 남자는 파란색과 어두운 색을, 여자는 갈색과 환한 색을 선호한다는 점을 알면 도움이 된다. 남자는 차가운 색이나 어두운색을 좋아하고, 여자는 밝고 따뜻한 색을 좋아한다. 공부방의 온도도 마찬가지다. 남자는 20.5도가 적절하고, 여자는 23.5도로 남자보다는 따뜻해야 집중이 잘되고 공부도 잘된다.

이런 차이 중에서도 가장 주목해야 할 것은 자발적인 학습을 유도하기 위해 동기부여를 할 때도 다르게 접근해야 한다는 점이다. 어떤 일을 스스로 적극적으로 하려면 남자에게는 그 일이 왜 중요하고, 왜 꼭 자기가 나서야 하는지에 대한 구체적인 이유가 있어야 한다.

남여의 차이

남자	구분	여자
해마	기억	대뇌피질
문재해결	동기부여	공감
7.5세	언어	5.5세
파란색/어두운색	선호하는 색	갈색/밝은색
20.5°	학습온도	23.5°

집안일을 하다가 엄마가 손을 다쳤다고 하자. 그러면 딸은 엄마의 아픔에 공감하면서 어떻게 다쳤는지, 얼마나 속상한지를 들어주고 공감한다. 그러나 아들은, 쓰러져 병원에 실려 갈 정도가 아닌 이상, '엄마가 다쳤나 보다'하고 무심하게 지나친다. 이는 효심의 차이가 아니라 근본적인 기질의 차이이다. 남자를 움직이는 것은 분명한 목적의식이기 때문이다.

그러나 여자는 들어만 주어도 동기부여가 된다. 어떤 해결책을 제시하거나 동기부여를 하려고 애쓰기보다는 그냥 아이의 이야기를 들어주고 공감만 해주어도 저절로 동기부여가 된다. 예를 들어, 딸아이가 친구와 다투고 왔다고 하자. 딸은 학교에서 오자마자 엄마에게 자초지종을 이야기하며 친구와의 싸움으로 맺힌 감정을 풀려 한다. 그런데 엄마가 "그건 네가 잘못한 거다. 넌 이랬어야 한다"고 상황 판단을 해주면 오히려 짜증을 낸다. 여자에게 필요한 것은 해결책이 아니라 공감이다. 그러므로 엄마는 일단 딸의 이야기를 경청해주고, 만약 딸의 행동에 문제가 있다면 나중에 제기하는 것이 좋다.

남자아이라면 들어주기만 하는 것은 아무런 의미가 없다. 그 문제를 해결할 구체적인 대책을 제공해야 한다. 정서적인 공감만으로 힘을 얻는 여자와 달리, 남자는 스스로 납득할 만한 방향을 제시해주어야 동기부여가 된다.

부모가 남녀의 이런 차이를 머리에 담아두고 있어야만 일상생활뿐 아니라 학습 전략을 짜거나 목표를 정할 때 누구보다 현실적이면서 효과적인 조력자가 될 수 있다.

동기부여는 의지가 아니라 가슴으로

동기부여의 중요성을 길게 이야기할 필요는 없을 것이다. 누가 어떤 행동을 하든, 모든 것은 동기부여에서 시작된다. 그 일을 하고 싶게 만드는 것, 해야만 할 이유를 찾게 하는 것, 그것이 동기부여다. 동기부여는 외부에서 주어질 수도 있고, 스스로 찾을 수도 있다. 그러나 기본적으로 모든 동기부여는 자기 안에서 시작된다. 최초의 계기는 외부 영향이었을지라도, 그 일을 하겠다고 마음먹는 것은 결국 자기 자신이기 때문이다.

동기부여가 중요한 것이 바로 그 자발성 때문이다. 말을 물가에 데리고 갈 수는 있어도 물을 먹게 만들 수는 없다고 했다. 어느 선까지는 강제로 이끌 수 있어도, 스스로 원하지 않으면 절대 안 되는 영역이 있는 것이다.

자기주도학습에서도 가장 중요한 게 동기부여다. 자기주도라는 말 자체가 스스로 하는 것인 만큼, 동기부여가 전제되지 않는 자기주도학습은 있을 수 없다. 공부해라 공부해라, 귀 따갑게 말한다고 아이들이 공부를 하던

결과 중심 동기부여와 과정 중심 동기부여의 차이

결과(능력) 중심 동기부여	과정(노력) 중심 동기부여
도전을 제한한다	도전의식을 갖게 한다
능력 부족	노력 부족
실패에 대한 좌절	과정에 만족
망신당할 기회	배움의 기회
실패 시 동기가 없다	실패해도 동기가 있다
평가 목표(자존감 상실)	학습 목표(실력 쌓기)
평가 동기	학습 동기

던가. 부모의 강요로 책상 앞에 앉아 있은들 머리에 책 한 줄 들어가지 않는다.

부모들도 이제는 공부에 동기부여가 중요하다는 걸 안다. 강제로 시키는 공부의 한계를 알고, 그래서 꼭 자기주도학습이 아니라도 무조건적인 강요보다는 공부할 마음을 불러일으키는 동기부여에 신경을 쓴다. 문제는 많은 엄마들이 과정(노력) 위주가 아닌 결과(능력) 위주의 동기부여를 한다는 것이다. 그런데 과정 위주의 동기부여와 결과 위주의 동기부여는 그 효과에 아주 큰 차이가 있다.

결과 위주의 동기부여는 능력 위주다. 동기를 부여한다면서도 결국에는 최종 성과로 평가하는 실적주의다. 이런 동기부여를 하면 아이들은 잘하는 것만 보여주려고 하기 때문에 종합적인 학습 능력 향상에 도움이 되지 않는다. 게다가 신통치 못한 결과를 얻었을 때는 자신의 능력을 탓하며 자학까지 하게 된다. 자신은 머리가 나쁘고 능력도 없다고 생각하고, 공부해보려다 안 되면 공연히 망신만 당했다고 생각한다. 그렇게 되면 당연히 새로운 것에 도전하려는 의욕은 위축된다. 그래서 자신이 없는 일은 처음부터 하지 않으려 하고, 혹시 시작한다 해도 자신이 해낼 수 있을 것 같은 범위에서만 소극적으로 움직인다. 결과 위주의 동기부여에서 가장 큰 문제가 이것이다.

결과 위주로 동기부여를 받은 아이들은 과학고나 외고에 가면 안 된다. 결과를 얻으려는 목적만 있지 자기가 하고 싶어했던 공부가 아니기 때문이다. 목적성이 분명하고 경쟁도 심한 이런 학교는 분명한 목적의식을 갖고 꼭 가고 싶은 아이들이 가야 제대로 적응할 수 있다. 그런 반면에, 과정 위주로 동기 부여를 받은 아이들은 설사 성적이 좀 떨어지더라도 실망하지 않고 더 노력해야겠다는 마음을 먹는다.

미래 사회에서는 원활한 커뮤니케이션, 즉 의사소통이 잘되는 아이들이 성공한다. 단순히 일류 대학 나왔다고 성공하는 시대는 이미 지나고 있다. 이제는 대인관계가 좋은 사람들이 능력 있는 사람으로 인정받는 시대다. 지금도 기업에서는 의사소통과 원만한 인간관계, 지혜로운 문제 해결력을 지닌 사람들을 선호한다. 과거에는 열심히 일만 하는 개미형 인간이 성공 시대를 썼다면 지금은 거미형 인간이 성공 시대를 쓰고 있다. 자신의 모든 것을 거미줄처럼 확산시켜 다양한 능력을 보여주는 사람이 성공하는 시대다. 그런데 결과 위주의 동기부여는 거미형 인간을 만들지 못한다. 100점을 맞았는데도 칭찬하기보다는 반에서 몇 명이나 100점을 맞았느냐고 묻는 엄마들, 이런 엄마들이 바로 결과 위주의 동기부여자다. 반면, 80점을 맞아도 칭찬을 하면서 용기를 북돋아주는 엄마들이 과정 위주의 동기부여자다.

무조건 칭찬을 해주라는 이야기가 아니다. 결과보다는 과정에 얼마나 충실했는지를 돌아보게 하고, 그로써 결과의 의미를 스스로 판단하고 만족이든 불만족이든 스스로 느끼게 하라는 것이다. 그렇게 결과를 스스로 평가하는 아이는 다음 목표도 스스로 정하게 된다. 실패해도 처음의 동기는 여전히 남고, 오히려 자신을 담금질할 기회가 되어준다.

동기부여는 말로 '꼬드겨서' 무엇을 하게 만드는 게 아니다. 자기가 하는 공부의 의미를 스스로 분명히 알게 하는 일이다. 그런데 자꾸 결과나 능력으로 평가를 하면 처음에 마음먹었던 것조차 시들해진다. 그런 아이는 동기부여에 부정적인 면역력이 생겨 다시 무언가를 결심하게 만들기가 어렵다.

동기부여를 받은 아이에게는 무언가를 해보겠다고 마음먹은 그 자체를 격려해주어야 한다. "넌 역시 대단한 아이야"라는 말은 좋은 성적을 낸 아이에게 하는 말이 아니라, 좋은 성적을 내고 싶다고 마음먹은 아이에게 해주는 말이어야 한다.

긍정적인 자아를 만들어주자

"우리 아이는 왜 그렇게 자신감이 없는지 몰라요."

종종 이런 말을 하며 속상한 표정을 짓는 엄마를 보곤 한다. 자기 자식이 매사에 자신 없이 행동하는 모습을 보는 것만큼 부모를 안타깝게 하는 일도 없다. 자식이 누구 앞에서든, 어떤 일에서든 당당하고 여유 있는 모습을 보는 것이야말로 모든 부모들의 가장 큰 바람이다.

자신감이 없는 이유는 여러 가지가 있을 것이다. 천성적으로 숫기가 부족해서일 수도 있고, 부모가 너무 권위적이거나 강해서일 수도 있고, 실패한 경험이 많아 일만 주어지면 지레 겁부터 나서일 수도 있다. 어떤 경우든 자신감이 없는 데는 분명한 이유가 있다. 자신감이 넘치는 아이는 대부분 천성이 그러한 경우가 많은 반면, 자신감이 없는 아이들은 후천적으로 복합적인 요인이 겹쳐 자신감을 잃은 경우가 많다.

어쨌거나 그 원인을 살피려면 우리는 먼저 아이의 자아 개념을 보아야 한다. 사람은 자아가 일단 형성되면 자신의 자아 개념과 일치하는 방향으로 행동한다. 자아 개념이 긍정적이면 긍정적으로, 자아 개념이 부정적이면 부정적으로 반응하고 움직인다. 자아 개념이란 자기 자신을 어떻게 생각하는지를 가리키는 심리학적 용어다. 어려서부터 주변 환경이나 어른들과 상호 작용을 통해 습득한 자신에 대한 생각과 믿음들의 조직으로서, 쉽게 말해 스스로 생각하는 자기 모습이요 능력이다.

이러한 자아 개념은 유년기부터 싹트기 시작해 오랫동안 계속되어 쉽게 변하지 않는다. 한마디로, 스스로 갇혀 있는 어떤 틀이다. 그렇게 스스로 갇혀 있기에 다른 누구도 쉽게 바꿀 수 없고 늘 그 틀 안에서 행동한다. 자신이 똑똑하다고 생각하는 사람은 똑똑한 행동을 할 가능성이 크고, 자신이 어리석다고 생각하는 사람은 실제로 어리석은 행동을 할 가능성이 크다.

자신감이 결과라면, 자아 개념은 원인이다. 물론 그런 자아 개념을 형성하게 만든 원인이 또 있겠지만, 아무튼 겉으로 보이는 태도나 행동의 밑바닥에는 이 자아 개념이 굳게 자리 잡고 있다. 긍정적 자아를 지닌 사람과 그렇지 않은 사람은 어떤 차이를 보일까?

긍정적 자아 정서적 안정감, 자신감, 인간관계 원만, 진취적이고 적극적인 행동, 지적 호기심 왕성

부정적 자아 정서적으로 불안, 자신감 결여, 인간관계 부적응, 소극적 행동, 무사안일

이런 차이가 학업이나 또래 관계를 비롯해 사회생활 전반에 걸쳐 얼마나 큰 영향을 미칠지는 충분히 짐작할 수 있을 것이다. 자아 개념은 이처럼 한 사람의 삶 전체에 영향을 미친다. 공부 쪽으로 좁혀 이야기하면 다음과 같은 예를 들 수 있다.

한 아이가 자신이 수학에 재능이 있고 문제풀이를 좋아한다는 자아 개념을 갖고 있다고 치자. 이 아이는 자아 개념에 따라 별 부담 없이 수학 문제를 자주 푼다. 답이 틀리고 문제가 어렵더라도 쉽게 지치지 않고 계속 수학 공부를 한다. 이렇게 연습량이 많다 보니 당연히 시험도 잘 본다. 그리고 시험 결과가 좋으니 칭찬을 듣고 인정을 받는다. 그리하여 다시 수학 공부를 열심히 한다. 긍정적인 순환이 계속되는 것이다. 반면에, 부정적인 자아를 가진 아이에게서는 정반대의 악순환이 계속된다.

그렇다면 어떻게 해야 할까? 성인이 되기 전에는 자아 개념 형성에 가장 큰 영향을 미치는 것이 부모다. 특히 엄마는 일상에서 아이와 가장 많은 시간을 보내며 대화를 자주 주고받으므로 자아 개념이 부정적으로 형성되지 않도록 세심히 신경 써야 한다. 무엇보다도, 아이가 도달하기 힘든 무리한 목표를 설정해 좌절을 자주 경험하게 하지 말아야 한다.

아이가 긍정적인 자아 개념을 형성하는 데 도움이 되는 몇 가지를 제안한다.

첫째, 아이의 말에 귀를 기울여준다. 부모가 아이의 질문이나 의견 표명에 건성으로 대하면 아이는 점차 입을 닫게 된다. 꼭 부모가 자기를 무시한다고 생각하지 않더라도, 관심과 응대가 없는 일이 반복되다 보면 더 이상

자기 생각을 말하지 않는다. 그러다 보면 수동적인 성격, 스스로 먼저 체념해버리는 버릇이 배게 된다. 당연히 부정적인 자아 개념이 커진다.

둘째, 되도록 스스로 해보도록 권한다. 아이가 서툴다고 해서 부모가 직접 해버리면 성취감을 맛볼 기회가 적어진다. 그 이전에 부모가 무언가를 맡기는 것 자체가 아이에게 자립심과 능동적인 습관을 길러준다.

셋째, 칭찬을 많이 한다. 칭찬은 고래도 춤추게 한다고 했던가. 고래 아니라 무엇에라도 긍정적인 영향을 미치는 게 칭찬이다. 칭찬이야말로 이미 부정적인 자아 개념을 갖고 있는 아이라도 가장 빨리 변하게 할 수 있는 최고의 방법이다. 사소한 일이라도 칭찬하라. 아이가 설사 그 칭찬을 의례적인 것으로 여긴다 할지라도 부모가 자기를 믿고 싶어하고, 기를 살려주고 싶어 한다는 걸 느끼는 것만으로도 심리적 안정감을 느낀다.

넷째, 실수나 실패에 공감해준다. 실수에 공감한다는 것은, 그런 실수쯤은 누구나 한다고, 나도 자주 그런 실수를 했다고 아이의 입장이 되어 이해해주는 것이다. 실수가 꾸중이나 비난으로 돌아오지 않으면 아이는 자기가 하는 일에 대범해진다. 부모가 자기를 무능하게 여기지 않는 것만으로도 자신감이 생기고 지레 회피하는 버릇도 없어진다.

물론, 무조건 두둔하라는 것이 아니다. 왜 그런 실수를 하게 되었는지 과정을 들어주고, 왜 그런 식으로 해야만 했는지 물어보기도 하면서 아이 스스로 자기 행동을 되돌아보게 해야 한다. 능력이 없어서가 아니라 방법에 문제가 있었다고 생각하도록 하는 것이다. 실제로, 아이들이 경험하는 실수나 실패란 대부분이 능력 부족보다는 접근하는 방식이나 실행 과정에 문제가 있어서 그런 것이다. 따라서 부모의 공감을 얻은 아이는 자기를 탓하는 위축된 마음에서 벗어날 수 있고, 똑같은 실수도 반복하지 않게 된다.

우리 아이는 어떤 성격일까?

성격이 공부와 관계가 있을까? 당연히 있다. 그것도 아주 밀접한 관계가 있다. 집중을 잘하는 아이와 그렇지 않은 아이, 부담 없이 선생님에게 질문을 잘하는 아이와 그렇지 못한 아이가 성적 향상에도 차이가 있으리라는 것은 분명하다. 부모 등 주변 사람과 맺는 관계를 봐도 그렇다. 공부는 혼자 하는 게 아니다. 책을 들여다보고 문제를 푸는 건 당사자 혼자 할지라도, 동기부여나 학습 분위기는 주변의 영향을 받지 않을 수 없다. 아이의 성격에도 관심을 가져야 하는 게 그 때문이다.

사람의 성격은 크게 네 가지 기준에 따라 세분할 수 있다. 그 기준이란 어떻게 바라보고, 어떻게 느끼고, 어떻게 반응하고, 어떻게 행동하는가 하는 것들이다.

외향성과 내향성

외향성(E: Extraversion)과 내향성(I: Introversion)은 에너지의 방향으로 구분한다. 에너지가 밖으로 향하는지, 아니면 자기 내부로 향하는지에 따라 성격의 가장 기본적인 틀인 외향형, 내향형이 나온다.

외향적인 사람은 생각보다 말과 행동이 앞선다. 자기 외부에 초점이 맞춰져 있으며, 어떤 일이든 직접 경험부터 하고 난 후에 이해하는 스타일이다. 이런 성격의 장점은 매사에 열정적이고, 사람들과 관계 맺는 걸 좋아한다는 것이다.

내향적인 사람은 말보다 생각이 앞선다. 한마디로 신중한 스타일이며, 내가 먼저 이해하고 납득해야만 행동에 옮긴다. 스스로 정리해야만 밖으로 표출하고, 또 모든 초점이 자기 내부에 맞춰져 있어 남이 나를 어떻게 보는지에 매우 신경을 쓴다.

내향적인 사람은 외향적인 사람을 수다스럽다고 여긴다. 외향적인 사람은 내향적인 사람을 답답하다고 여긴다. 이런 에너지의 방향은 본인이 노력한다고 해도 쉽게 바뀌지 않는다. 꾸준한 노력으로 사람들 앞에서 하는 행동을 어느 정도 조절할 수는 있지만 근본적인 성향은 바뀌지 않는다. 물론, 이 두 가지가 적당히 섞여 있는 사람도 있다. 업무에서는 외향적인데 개인적으로는 내향적인 사람도 있고, 여러 사람 앞에서는 외향적인데 단둘이 있을 때는 내향적인 사람도 있다.

학습 패턴에서도 성향이 그대로 나타난다. 내향적인 아이들은 사색적이고 신중하기 때문에 조용히 앉아서 공부한다. 단계를 밟아가며 체계적으로 공부하는 것을 지향한다. 그러나 외향적인 아이들은 밖에서 하는 학습을 선호하고, 열정적이고 적극적이며 그때그때 즉흥적으로 관심의 방향을 바꾼다.

감각형과 직관형

감각형(S: Sensing)과 직관형(N: iNtuition)은 인식 기능, 즉 정보를 어떻게 수집하느냐로 구분한다. 인식 기능은 공부에 매우 중요한 것으로, 아이들의 학습 패턴과 수준을 알려면 이 기능부터 알아야 한다.

감각형은 오감을 통해 직접 보고 느낀 것을 그대로 말하는 타입이다. 그래서 굉장히 현실적이고 구체적이다. 산에 가면 나무와 풀과 바위 하나하나를 자세히 보고 느낀다. 직관형은 있는 그대로가 아니라 그 이면을 본다. 나무가 아니라 숲을 보는 것이다. 그래서 전체적인 이해와 파악이 매우 빠르다.

예를 들어보자. '사과' 하면 떠오르는 것은? 각기 대답이 다를 것이다. 어떤 사람은 원숭이 엉덩이, 뉴턴, 윌리엄 텔, 백설공주를 떠올릴 것이고, 어떤 사람은 빨갛다, 맛있다, 동그랗다 등을 떠올릴 것이다.

백설공주나 뉴턴처럼 사과를 한 상징으로 보면서 그와 관련된 다른 무엇을 연상하는 사람은 직관형이다. 그래서 사물의 모습 자체보다는 그 이면을 본다. 이런 사람들은 비록 정확성은 떨어져도 스스로 알아서 하는 일을 잘한다. 자기 나름대로 기획하고 창의성을 발휘하는 일에 능하며 스스로 그 일을 즐긴다.

빨갛다, 맛있다 등 사과라는 구체적 사물의 특징을 떠올리는 사람은 감각형이다. 이들은 있는 그대로를 보고 받아들이며, 사고하는 방향도 현실적이다. 그래서 어떤 일을 시켜도 정확하고 세심한 대신, 모험을 하지 않는다. 또, 고지식해서 식당에 가더라도 자기가 먹어본 경험이 있는 곳만 찾아다닌다. 기획력은 떨어지지만 구체적이고 실제적이다.

교육 컨설턴트로서 엄마는 아이가 감각형인지 직관형인지에 따라 컨설팅을 달리해야 한다. 교육 방법도 달라야 하며, 칭찬을 하거나 상벌을 줄 때도 달라야 한다. 감각형 아이라면 구체적인 방향을 제시해주어야 한다. 그러나 직관형 아이라면 아이의 이면을 들여다보며 지금 주된 관심이 어디에 있는지를 살펴야 한다.

예를 들어 아이가 직관형일 경우, 만약 국어 점수는 좋고 수학 점수가 나쁘면 "국어 참 잘했다. 수학도 국어처럼 잘해보자" 하는 식으로 말해야 한다. 그러나 똑같은 말도 아이가 감각형이라면 다르게 받아들인다. 감각형 아이에게는 칭찬하는 국어 이야기만 들어오고 수학도 잘해보자는 말은 들어오지 않는다. '국어 칭찬'이라는 현실 이면의 수학 이야기는 들어오지 않는 것이다. 따라서 감각형 아이에게는 두 과목을 따로따로 구체적으로 말해주어야 한다.

사람은 누구나 감각과 직관 두 가지 성향 모두를 가지고 있다. 그런데 성향도 현실 상황에 따라 변하는 법이어서 어른들은 대체로 감각형 성향으로 나아가지만, 아이 때는 직관형이 우세하다. 초등학교 때까지 아이들은 엄마를 잘 따른다. 세상에 둘도 없는 친구이자 안내자가 바로 엄마다. 그런데 중학교에 들어가 사춘기에 접어들면 그때부터는 엄마를 대하는 태도는 물론 눈빛까지도 달라진다. 그러다 보니 차츰 대화도 사라지고 급기야는 단절되는 사태로까지 치닫는다. 만약 엄마가 감각형이면서 기질이 강하면 아이는 자기 옷이 아닌 엄마 옷을 입고 있을 수 있다. 그러다가 사춘기에 이르러서야 자기 성향을 드러내며 엄마와 부딪치는 것이다.

밤 10시에 아이가 뜬금없이 이렇게 말했다고 치자. "엄마, 우리 동네에 아이스크림 집이 새로 생겼어." 그러면 엄마가 말한다. "쓸데없는 데 신경 쓰지 말고 늦었으니 어서 자!" 직관적인 아이가 말하는 요점은 단순히 아이스크림 집이 새로 생겼다는 동네 소식이 아니다. 지금 아이스크림을 먹고 싶다는 이야기다. 그러나 감각적인 엄마는 아이의 말에 깔린 내면 욕망을 읽지 못하고 말 표면만 건성으로 듣는다. 이런 엇갈림이 반복되면 아이는 차츰 어떤 이야기도 엄마에게 털어놓지 않는다. 물론, 엄마는 잘못한 것이 없다. 다만, 아이의 감정을 읽지 못했을 뿐이다.

컨설팅도 마찬가지다. 컨설팅은 대화로 시작해야 하는데, 아이의 성향을 제대로 알지 못해서는 원만한 대화를 하기 힘들다. 감각형은 구체적으로, 직관형은 장기적인 계획에 따라 컨설팅을 해야 한다. 직관형 아이에게는 미래를 함께 얘기하고, 감각형 아이에게는 미래보다는 당장의 현실을 구체적으로 이야기해야 한다. 이를 모르거나 무시하고 컨설팅을 하면 눈앞에서는 경청하는 것 같아도 아이의 마음에 어떤 흔적도 남기지 못한다.

사고형과 감정형

사고형(T: Thinking)과 감정형(F: Feeling)은 의사 결정과 판단을 어떻게 하는지에 따라 구분한다.

사고형은 대체로 머리로 결정한다. 잣대와 기준이 있고, 원리 원칙을 중시한다. 또, 이성적이며 냉철하다. 감정형은 머리보다는 가슴으로 느끼며, 그 느낌이 결정에 반영된다. 자기 감정을 소중하게 생각하며 인간적 관계를 중시한다.

이 두 유형이 만나 다툼을 하면 누가 이길까? 논리적인 사고형이다. 감정형은 백전백패를 당할 수밖에 없는데, 아무리 옳은 주장을 가지고 있어도 감정으로만 표현할 뿐, 논리적으로 풀어내지 못하기 때문이다. 그러나 교육적인 컨설팅을 할 때는 감정형이 더 쉬울 수 있다. 컨설턴트가 상대의 감정을 읽어주는 것만으로도 동기부여가 잘되고 신뢰감도 주기 때문이다.

그러나 마음에 호소하면 통하는 감정형과 달리, 사고형은 컨설턴트의 논리가 확실하지 않으면 절대로 통하지 않는다. 그러므로 사고형을 상대할 때는 구체적이고 확실하지 않은 이야기는 아예 말하지 않는 게 좋다. 양육하는 부모 입장에서는 감정형 아이가 수월하다. 그러나 학습에서는 사고형이 유리하다.

판단형과 인식형

판단형(J: Judging)과 인식형(P: Perceiving)은 생활양식으로 구분한다. 판단형은 목적이나 계획이 뚜렷하고 일관성이 있다. 그래서 여행을 가더라도 3일 전부터 미리 준비하고 짐을 꾸린다. 마트에 가도 장을 볼 목록을 자세히 적어서 가고, 약속 시간도 잘 지킨다.

인식형은 그때그때 상황에 따라 다르다. 가령, 여름에 휴가를 나서며 부산을 목적지로 잡아놓고도 마지막에 가 있는 장소는 엉뚱한 지역일 수가 있다. 가다가 길이 막히거나 또 다른 계획이 생기면 목적지를 고집하지 않고 방향을 트는 것이다. 즉, 계획대로 움직이지 않고 상황에 따라 그때그때 움직인다. 그래서 융통성은 있지만 시간관념이나 계획성은 떨어진다. 아이가 인식형이면 정리정돈을 못하고 시간관념도 약하며, 공부도 발등에 불이 떨어져야 하는 경우가 많다.

엄마와 아이의
성격 궁합이 중요하다

아이의 성격이 학습 능력 고취나 성적 향상과 중요한 관계가 있음을 앞에서 살펴보았다. 그렇다면 일상에서 아이와 밀접한 관계를 맺는 엄마는 아이의 공부에 어떤 영향을 미칠까?

나는 대학원에서 논문을 쓰며 '어머니의 MBTI 성격 유형이 초중등 학생의 기초 학습 능력에 미치는 영향'을 구체적인 통계와 함께 분석해본 적이 있다. 결과는 흥미로웠다. 그간의 교육 컨설팅 경험을 통해 이미 알고 있는 바였지만, 엄마들의 성격 유형은 아이들의 학습 능력, 학업 성취도, 동기부여 등 공부와 관련된 전반적인 영역에서 상당한 영향을 끼친다는 것을 확인할 수 있었다.

엄마의 성격에 따라 아이의 어휘력, 추리력, 수리력, 공간지각력 등 기초적인 학습 능력에 차이가 있었고, 학습활동력을 나타내는 기억력, 집중력, 실행력, 학습 동기에도 분명한 차이가 있었다.

아이의 성격은 앞 장에서 서술한, 성격을 분류하는 네 가지 기준이 종합되어 형성된다. 아래의 그림은 이 네 가지 성격 유형 기준을 모두 종합해 나온 16가지 성격 유형이다. 이 16가지 유형은 아이와 부모 모두에게 적용할 수 있는 성격 특징이다.

MBTI라 불리는 이 성격 검사는 심리학자 카를 융(Carl Jung)의 심리유형론을 바탕으로 오랜 세월에 걸쳐 연구 개발한 성격 유형 선호지표로서, 자신과 타인의 성격 역동을 이해하는 데 아주 유용하게 쓰이는 도구다. 이런 심리학적 성격 검사까지 거론하는 것은 앞에서 말했듯이 아이의 공부와 부모자녀 간의 성격 궁합이 긴밀한 관계를 맺고 있기 때문이다.

예를 들어보자. 앞에서 계획과 원칙이 뚜렷한 판단형과 즉흥적으로 결정하는 인식형을 보았다. 그런데 만약 엄마는 인식형인데 아이가 판단형이면 어떻게 될까? 이런 관계에서는 아이가 엄마 눈치를 많이 본다. 엄마가 일관성이 없다 보니 기분에 많이 좌우되고, 아이는 당연히 그때그때 엄마의 기분 상태를 살피며 조심스러워진다. 아이는 또 자기 나름대로 준비하고 계획한 것이 종종 엄마에 의해 어긋나면서 화를 내고 억울해한다.

반대로, 엄마가 판단형이고 아이가 인식형이라면? 엄마 눈에 아이가 한없이 답답하기만 하다. 아이가 일관성이 없고 용돈도 헤프게 쓰고 시간관념이 없을 뿐 아니라, 정리정돈이라고는 안 되기 때문이다. 이런 경우 아이가 먼저 엄마의 눈치를 보지는 않지만, 엄마의 계속되는 지적에 짜증을 내고 행동 제약에 따른 갑갑함을 느낀다. 억울한 마음이 드는 것은 어떤 아이든 마찬가지다.

이럴 때 아이가 만약 외향형이라면 엄마에게 자기 생각을 이야기하거나 다른 방식으로라도 자기 감정을 풀겠지만, 내향성이라면 혼자만 억울하다는 감정을 쌓으며 자꾸 말이 없어진다. 엄마와는 아무것도 통하지 않는다는 생각에 자주 쓸데없는 고집을 부리기도 한다.

아이에게 공부 좀 시켜보려다가 공연한 갈등을 겪는 엄마들이 의외로 많다. 자식이든 부모든 모두 고유한 인격과 개성을 지닌 존재다. 상황에 반응하고 행동을 결정짓는 요소가 저마다 다르다. 그런 차이가 성적 향상이라는 구체적인 목표를 두고 긴장관계가 되면서 표면화하는 것이다. 아이를 지도하는 부모는 무엇보다 먼저 아이의 성격 특성을 이해해야 하고, 동시에 자기 성격도 진단해 아이와 맞추려는 노력을 해야 한다.

그런데 이 중 과연 어떤 엄마 밑에서 자란 아이가 공부를 잘할까?

먼저, 두 가지 유형을 들 수 있다. 하나는 NT(직관형·사고형) 유형이고, 다른 하나는 SF(감각형·감정형) 유형이다. NT 성향의 엄마들은 직관력을 발휘해 자녀의 학습에 대한 요구를 정확히 파악하며 학습을 지도할 때도 이성적이면서 논리적으로 접근한다. 또, SF 성향의 엄마들은 아이들의 감성을 충분히 이해하여 현실적이고도 구체적인 지도를 통해 꼼꼼한 학습 관리를 할 수 있다.

논문을 쓰며 내가 분석한 바에 따르면, NF(직관형·감정형)성향의 부모가 자녀들의 기억력, 집중력, 실행력, 학습 동기에 긍정적인 영향을 미치는 것으로 나온다. NF 성향은 상대방에 대한 공감 능력과 감정 이해력이 뛰어나기 때문에 자녀를 지도할 때도 아이 스스로 학습 방법을 찾아갈 수 있도록 기다려주기 때문이라고 볼 수 있다.

이 밖에도 엄마들의 성격 유형에 따른 학생의 기초학습 능력을 살펴보면 ENTJ, ENTP, ISFP, INFP에서는 '우수(우수+최우수)' 등급의 학생이 100퍼센트로 매우 높게 나타난 반면 ESFJ, INTP, ISFJ, ISTP에서는 40퍼센트 이하로 낮게 나타나, 엄마들의 성격 유형에 따라서 학생의 기초 학습 능력에 현저한 차이가 나타났다.

NT 유형과 SF 유형의 공통점은 아이의 감정을 잘 읽는다는 것이다. 지금처럼 감성지수(EQ)가 높은 사람이 성공하는 시대에는 이런 유형이 상당히 유리하다.

야구장에서 신발을 닦는 일을 하던 한 소년이 있었다. 어느 날, 소년이 야구 감독에게 물었다.

"감독님, 야구공은 어떻게 저렇게 멋진 포물선을 그리며 날아가죠?"

그러자 감독이 대답했다.

"야구공을 보거라. 야구공에는 실로 꿰맨 자국이 있는데, 그 상처 자국 때문에 야구공이 멀리, 더 높이 날아가는 것이란다."

실로 꿰맨 상처 자국이 공을 멀리 보낸다는 말은 어찌 들으면 황당한 말이다. 그러나 소년은 그 말을 가슴으로 받아들였다. 그리고 상처 자국 때문에 더 멀리 날아간다는 야구공을 생각하며 자신의 불우한 환경을 더 이상 핸디캡으로 여기지 않기로 했다. 그렇게 꿈을 키워온 소년은 훗날 어른이 되어 유엔 사무총장이 되었다. 바로 코피 아난 전 유엔 사무총장이다.

아프리카 가나에서 고달픈 어린 시절을 보낸 코피 아난의 성공 요인은 다름 아닌 풍부한 감성이었다. 평범한 아이들 같으면 그냥 지나치고 말았을 야구공 이야기를 가슴속 깊이 새겨 가난을 극복했고, 마침내 세계 평화에 기여하겠다는 꿈을 이루었다.

"인간의 총명함을 결정하는 것은 지능지수(IQ)가 아니라 감성지수이다."

감성지수 창시자인 미국의 행동심리학자 대니얼 골먼(Daniel Goleman)의 말이다. 이 말처럼, 지금은 감성지수가 성공의 척도가 되었다.

지능지수와 대비되는 개념인 감성지수는 마음을 바탕으로 하는 능력이다. 거짓 없이 자기의 느낌을 솔직하게 인정하고 마음으로 납득할 수 있는 판단을 내리는 능력, 불안이나 분노 등으로 인한 충동을 조절할 수 있는 능력, 궁지에 몰렸을 때도 자기 자신을 격려하고 낙관적인 생각을 유지할 수 있는 능력, 남을 배려하고 공감할 수 있는 능력, 집단 속에서 조화와 협조를 중시하는 사회적 능력 등을 아우르는 감성지수는 그래서 '마음의 지능지수'라 일컫는다.

이러한 마음의 지능지수가 높은 유형이 바로 NT 유형과 SF 유형이다. 그러므로 이런 엄마 밑에서 자란 아이가 성공하는 것은 당연하다 하겠다. 그러나 이 두 패턴의 엄마에게서 자란 아이는 공통점을 가지고 있을지라도 사고방식과 행동방식은 완전히 다르다. 이는 NT 유형이 미래 지향적이고 논리적·객관적인 반면, SF 유형은 현실적이고 꼼꼼하고 구체적이기 때문이다. 그래서 아이의 성향에 따라 교육 방법을 완전히 달리해야 한다.

주관적인 판단이지만, 앞의 16가지 성격 유형 중 부모로서 가장 좋은 유형을 꼽으라면 나는 ENFP 유형(스파크형)을 꼽는다. 이런 엄마 밑에서 자란 아이가 공부를 잘하고 성공할 확률이 높다. 아이의 내면 감정을 잘 읽으며 마음에서 우러나오는 공감도 잘하기 때문이다.

ESTJ(사업가형) 유형은 조직에서 가장 선호하는 타입이다. 이런 유형은 CEO 타입으로서, 구체적이면서도 논리적이고 계획적이기 때문이다. 그러나 ESTJ 유형은 남을 교육하는 데는 적당하지 않다는 단점이 있다. 이런 유형의 엄마가 아이를 가르치면 효과도 별로 없으며, 자칫하면 아이를 엇나가게 할 수 있다.

빛과 소금형인 ISTJ 유형은 완벽주의자 스타일이다. 그래서 전문직에 특히 많다. 교육열이 높은 강남 부모들 중에 이런 유형이 많다. 이 유형의 단점은 칭찬에 인색하다는 점이다. 무엇이든 완벽을 추구하다 보니 아이들이 아무리 잘해도 성에 안 차기 때문이다. 냉철하고 이성적인 것이 이런 유형의 특징이며, 그러다 보니 이런 유형의 엄마 밑에서 자란 아이들은 대체로 주눅이 들어 있다.

과학자형인 INTJ 유형은 이과 계통을 공부하는 것이 좋다. 학문을 파고드는 스타일이라서 과학고에 가기에 딱 좋은 유형이다. 수완 좋은 활동가형인 ESTP 유형은 시쳇말로 '거침없이 하이킥'형이다. 장점은 일과 조직적인 측면에서 열심히 한다는 것이고, 단점은 내가 옳다고 믿으면 무조건 밀어붙이는 불도저 스타일이라는 것이다.

사교적인 유형인 ESFP 유형은 대인관계에서 발군의 능력을 보인다. 나서서 모임을 주도하는 스타일이고, 외모에 특별히 신경을 많이 쓰는 멋쟁이라 할 수 있다. 그러나 흠이라면 자신을 인정해주지 않으면 팔짱을 끼고 뒤로 물러난다는 것이다. 즉, 모임에서 주도권을 잡지 못하면 방관자가 되어 멀찍이 떨어져 구경만 하기 쉽다.

스파크형인 ENFP 유형은 부모로서는 가장 좋은 형이다. 이런 부모 밑에서 자란 아이의 성공률은 어느 유형보다도 높다. 공부와는 관계없이 사회에서 훌륭한 인물이 될 가능성이 대단히 크다. 다만, 이런 유형의 부모는 어느 정도 지적 수준을 갖추고 있어야 자기 성격의 장점을 살릴 수 있다.

ENFP나 ESFP형 아이는 앞에서 말한 콩나물 기르기형 아이에 속하므로 부모가 무조건 끌고 갈 필요가 있다. 그러나 NT형 아이들은 스스로 학습을 주도할 수 있도록 전체적인 계획을 가지고 아이들을 편하게 지켜보는 것이 좋다.

간단히 성격 유형을 훑어보았는데, 사실 성격 자체는 좋고 나쁘고가 없다. 중요한 것은 아이와 엄마의 코드가 맞느냐 안 맞느냐이다. 엄마는 아이의 성격을 만들어주는 인도자의 역할을 해야 한다. 인도자의 역할을 제대로 하지 못하고 엄마의 욕심이 앞서면 아이를 잘못 키우기 쉽다. 자기 옷이 아니라 엄마의 옷을 입고 있는 아이는 설사 학교에서 좋은 성적을 내더라도 사회에 나가 성공하기 힘들다.

아이들은 어떤 그릇에 담느냐에 따라 다르게 성장한다. 그 과정에서 기질과 성격은 눈에 보이지 않게 조용히 아이의 유형과 미래를 결정짓는다. 그러므로 엄마는 아이가 제 그릇에 맞는 자기 옷을 입을 수 있도록 아이의 기질과 성격도 관리하며 만들어주어야 한다.

STEP 3

학 습 역 량 강 화

지능이 높다고
공부 잘하지 않는다

아이큐가 높으면 운전면허 쉽게 딸까?

우리가 누구누구는 머리가 좋다거나 나쁘다고 말할 때 흔히 쓰는 말이 IQ(지능지수)다. 사람은 자기에게 들어온 정보를 이해·분석·종합·적용하는 여러 종류의 인지능력이 있다. IQ는 이러한 여러 인지능력을 정해진 방법으로 측정해 숫자로 표현한 것이다.

즉, IQ가 높다는 말은 한 사람이 외부에서 받아들인 각종 정보들의 의미를 비교적 정확히 이해하고 처리한다는 것을, IQ가 낮다는 것은 상대적으로 그런 이해와 처리 능력이 떨어진다는 것을 뜻한다. 따라서 IQ를 아주 단순화해 말하면 한마디로 '정보 처리 능력'이라고 할 수 있다. 그런데 사람이 똑똑하고 안 똑똑하고는 결국 외부에서 받은 정보를 어떻게 잘 활용하느냐에 달린 문제이므로, IQ로 머리가 좋다거나 나쁘다고 평가하는 것은 그리 틀린 말은 아니다.

그러나 우리 생활 속의 구체적 상황으로 들어가면 IQ가 높다고 꼭 낮은 사람보다 모든 걸 잘하는 것은 아니다. IQ가 높으면 운전면허 시험에 금방 합격할까? 장사를 남보다 잘할까? 사기에 쉽게 당하지 않을까? 커피를 더 맛있게 탈까? 면접을 더 잘 치를까? 그럴 수도 있고 아닐 수도 있다. IQ가 높으면 기본적으로 유리한 점이 있다는 것은 분명하지만, 실생활의 모든 면에서 앞서는 것은 아니다.

공부 역시 마찬가지다. IQ를 간단히 '정보 처리 능력'이라고 했는데, 과목마다 정보의 유형이 다르고 처리 방식도 다르다. 또, 문제 하나를 풀기 위해서는 여러 종류의 인지능력이 복합적으로 작용해야 한다. IQ 하나가 곧바로 학습 능력이 되는 것은 아니다. IQ가 얼마나 높은가가 중요한 게 아니라 지능의 어떤 영역이 수준이 높고 낮으냐에 따라 학습 패턴과 능력이 다양하게 나타날 수 있다.

학습 능력을 향상시키기 위해서는 어떤 종류의, 그리고 어느 만큼의 인지 역량이 필요할까?

기초 역량을 키우는 학습 능력 네가지

학습의 단계는 모두 6단계로 나눌 수 있다. 이를 표로 그리면 S자 곡선이 되는데, 나는 학습의 6단계를 '학습의 고원 현상'이라고 표현한다.

학습의 6단계는 다음과 같다.
1단계 아무것도 모르겠다(0%).
2단계 조금 알 것 같다(40~50%).

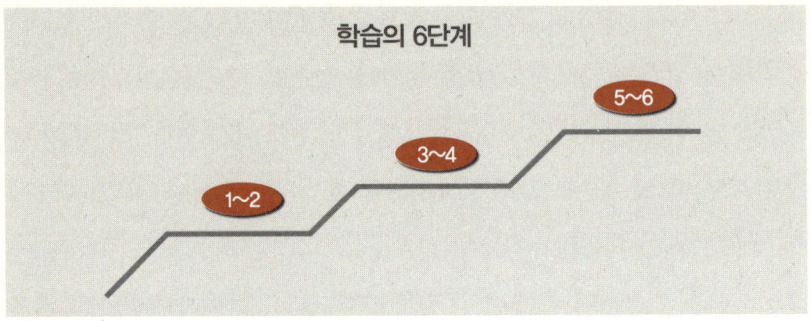

3단계 잘 알 것 같다(60~70%).

4단계 알아도 완벽한 확신이 없다(80%).

5단계 완벽하게 안다(95%).

6단계 배운 것 자체가 생활의 일부이다(100%).

여기서 가장 좋은 단계는 물론 6단계다. 아이들은 처음 단계인 1단계부터 시작해 6단계까지 차례로 밟아 올라가는데, 1·2단계와 3·4단계, 5·6단계에서 조금씩 정체되면서 고원 현상을 연출한다. 즉, 다음 단계로 넘어가는데 일정한 시간이 걸린다.

그러나 이는 개인에 따라 차이가 있다. 또, 학습 능력과 수준에 따라 6단계까지 오르지 못하고 그 밑에서 머무르고 마는 아이들도 있다. 5단계까지밖에 오르지 못하는 아이도 있고, 그보다 아래 단계인 3, 4단계에서 머무르는 아이들도 있다. 그렇다면 6단계까지 오르려면 어떻게 해야 할까? 그 답은 학습 능력과 학습활동에서 찾아야 한다.

공부와 관련 있는 네 가지 학습 능력

학습 능력을 키우려면 어휘력, 추리력, 수리력, 공간지각력을 고루 발전시켜야 한다. 아래에서 이 네가지 인지능력을 자세히 알아보고, 그동안 상담을 통해 해결책을 제공했던 사례도 하나씩 살펴보기로 하자.

어휘력

어휘력은 말 그대로 '어휘를 마음대로 부리어 쓸 수 있는 능력'을 말한다. 기초적인 학습 능력의 하나인 어휘력은 '학습의 기초 체력'이라고 할 정도로 매우 중요한 학습의 토대가 된다. 어휘력은 언어 이해, 독해, 언어 표현력을 결정하는 능력이다. 어휘력이 우수하면 읽기, 쓰기, 말하기를 좋아하고 사회성과 대인기술도 발달하는 반면, 저조한 학생은 자신의 생각을 타인에게 정확히 표현하지 못한다.

어휘력은 생후 16~24개월까지 말문이 트이는 시기에 형성된다. 처음으로

'엄마'라는 말을 시작한 순간부터 두 돌 때까지 하루가 다르게 많은 어휘를 배워나가는 것이다. 그래서 이 시기에 엄마를 통해 남보다 많은 것을 보고, 듣고, 배운 아이들은 어휘력이 남다르다.

어휘력은 수업 내용을 얼마나 정확히 이해하고 자기 생각을 제대로 표현하는지, 낱말의 개념과 그것이 문장에서 어떤 식으로 쓰이는지 등을 얼마나 정확히 이해하는지를 말한다. 학생들 가운데는 언어 이해와 표현이 유창한 반면 개념어에 취약한 아이들이 종종 있는데, 이는 단어의 의미를 문맥으로 이해하고 있을 뿐 사전적 개념으로는 기억하지 못하기 때문이다. 어휘 개념에 대한 정확한 이해는 학업 성적과 밀접한 관계가 있으므로, 어휘의 폭을 넓히고 개념을 확실히 알아두어야 한다. 단어의 사전적 의미를 명확하게 이해하고 있는 학생들은 지식 간의 연결을 쉽게 할 수 있으며 사고의 속도도 빨라진다.

모르는 단어가 있을 때는 대충 감으로 추측하거나 주변에 물어보는 등, 그냥 넘어가지 말고 영어 단어를 찾아보듯 국어사전을 보면서 하나하나 확실하게 익혀두는 게 좋다. 폭넓은 독서를 통해 상식과 배경 지식도 꾸준히 넓히고 어휘량도 풍부하게 만들어가는 것이 학습에 도움이 된다. 또, 재미있고 관심이 가는 책은 반복해 읽으면서 어휘 활용이나 개념들을 정리해가는 것도 좋은 방법이다.

앞으로의 학습에서는 가슴으로 느끼는 '습(習)'이 중요하다고 했는데, 이에 가장 필요한 것이 어휘력이다. 요즘 아이들은 학원을 통해 복습을 많이 하고 체계적인 수업을 받아 수학이나 과학 쪽에서는 좋은 성적을 올리지만, 어휘력은 단순 복습만으로 끌어올릴 수 없다. 꾸준한 읽기 능력 향상이 절대적으로 필요하다. 또, 상위권 학생이 최상위권으로 올라가려면 어휘력은 반드시 길러주어야 한다. 어휘력은 선천적으로 타고나는 것이 아니어서 지금 약하다고 해도 누구나 노력하면 좋아질 수 있다. 따라서, 어휘력이 부족하다고 해서 겁먹을 필요는 없다.

사례 1 어휘력 솔루션

태인(가명)이는 낱말이 문장에서 어떻게 활용됐는지를 묻는 질문과, 개별 단어의 정확한 뜻이나 개념을 묻는 질문에 대체로 어려워했다. 상황 단서 없이 정확히 그 뜻을 알아야만 풀 수 있는 문제 유형이 낯설어 비슷한 의미의 단어는 헷갈리거나 미묘한 뜻의 차이를 구별하지 못하고 어려워했다.

어휘를 익히는 속도는 빠른 편이지만 이런 경우 대체로 본인은 알고 있다고 생각했던 부분이 실제로는 정확하지 않은 정보일 수 있다. 따라서 모르는 단어가 있을 때는 국어사전을 찾아서 하나하나 확실하게 익혀두는 것이 도움이 된다.

체계적이고 폭넓은 독서를 통해 고급 어휘와 상식을 꾸준히 넓혀야 어휘력을 늘릴 수 있다. 단순한 독서 논술이 아니라 스스로 독서하고 생각을 확장해갈 수 있는 시간과 여유를 주어야 하고, 무작정 독서량을 늘리기보다 한 권의 책을 보더라도 글의 요지나 저자의 의도 및 전반적인 흐름 등을 이해하는 측면에 초점을 두어야 한다. 이렇게 꾸준히 독해 능력을 향상시킨다면 국어뿐 아니라 영어 등 언어 측면에서 성장과 발달이 이루어질 것이다. 특히 아이가 좌뇌형이냐 우뇌형이냐에 따라 독서 방법도 달리해야 한다.

추리력

추리력은 하나의 정보를 다른 정보로 이어가는 능력으로서, 사고력과 분석력을 결정짓는 능력이기도 하다. 추리력이 우수한 아이들은 사물의 본질에 대한 이해도가 높을 뿐만 아니라 문제의 핵심을 빨리 이해한다. 그러나 추리력이 떨어지는 아이들은 탐구심을 등한시해 혼자 생각하기를 몹시 싫어한다. 이런 아이들은 문제의 답을 스스로 찾아낼 수 있도록 지도해야 한다. 요즘 아이들은 생각을 깊이 하지 않는 경향이 있어 추리력이 좋지 않다. 추리력이 좋지 않으면 어느 한계 이상으로 성적을 올리기가 쉽지 않다.

추리력을 키우려면 먼저 어떤 것들이 동반되어 추리가 되는지 알아야 한다. 그래서 듣고 이해하는 능력이 있어야 하며, 공간지각력도 있어야 한다. 다방면에 걸친 지식이 추리에 도움을 주는 것은 물론이다.

이처럼 추리력을 기르려면 여러 가지 능력을 고르게 갖추고 있어야 한다.

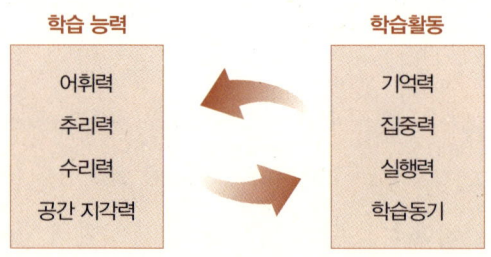

그리고 모든 상황에 대한 유추 가능성을 종합해서 하나의 답을 이끌어내야 하기 때문에 상황과 정보에 대한 기본적인 이해력은 필수다.

추리력을 키우려면 사물을 관찰하는 능력을 키우는 훈련을 하는 것이 좋다. 그렇다고 거창한 훈련을 하라는 것이 아니다 사물에 대한 느낌을 단순하게 적어보는 것부터 시작해도 좋다. 이런 태도를 생활화하면 추리력을 기르는 데 많은 도움이 된다.

사례 2 추리력 솔루션

혜성(가명)이는 사물의 본질에 대한 이해도가 높고, 문제의 핵심을 이해하는 수준이 '우수' 수준이었다. 일반적으로 추리력은 구체적인 사실을 넘어서 문제의 본질을 파악하려는 탐구적인 자세와 능력을 갖춘 학생들이 높게 나타난다. 혜성이는 이런 점에서 우수한 자질을 갖추고 있는데, 좀 더 고차적인 학습을 위해서는 혜성이의 이런 능력을 배가할 필요가 있다.

그러기 위해서는 자기 능력을 믿는 마음과 인내심이 필요하다. 과목과 상관없이 추리력을 높이기 위해서는 전체 내용의 흐름이나 핵심을 정확하게 포착, 이해해야 한다. 그리고 어려운 문제가 나왔을 때 포기하지 말고 끝까지 해결하겠다는 태도를 키워야 한다.

수리력

수리력은 수학적 문제를 해결하기 위해 필요한 기본적 능력을 말한다. 일반적으로 수 체계에 대한 이해, 대소 비교, 간단한 연산, 수학적 사고 능력과 문제 해결 능력 등을 포함한다. 또한 수리력은 수의 개념과 계산의 이치 등, 수를 기초로 하는 논리와 사고를 뜻한다. 그리고 인간의 생각이나 행동을 합리적이고 논리적으로 이끄는 기초이기도 하다.

인간의 모든 사고와 행동은 수를 기초로 한다. 그래서 철학, 화학, 물리학, 경제학 등 대부분의 학문이 수를 기초로 한다. 따라서 수리력이 발달해야만 학문적 접근을 쉽게 할 수 있고, 공부에 흥미를 느낄 수 있다. 수리력이 좋은 아이는 기본적으로 집중력, 끈기, 암기력을 함께 갖추고 있다. 그래서 상위권으로 올라가는 데 가장 필요한 것이 수리력이다.

수리력을 측정하는 문제들은 학생이 주어진 시간 내에 문제를 정확히 이해하고, 효율적으로 계산을 수행할 수 있는지를 측정한다. 그래서 복잡한 공식을 필요로 하는 고난이도의 문제보다는 초등학교 또는 중학교 수학 수준의 문제들을 주로 출제하고 있다. 따라서 수리력 영역에서 높은 점수를 얻기 위해서는 각 문제 형태에 맞추어 자신만의 빠른 계산 요령을 준비해야 한다. 또, 일상생활에서 접하는 속도, 농도, 시간 등을 이용한 문제들을 푸는 공식과 계산 과정을 철저히 이해하는 것이 중요하다.

수리력이 뛰어난 아이는 수와 수의 관계를 빨리 이해하고, 사고와 행동이 정확하고 분명하다. 그리고 합리적 사고를 하는 편으로, 계획성이 뛰어나 매사에 주도면밀하다는 평가를 듣곤 한다. 따라서 이런 아이는 문제를 쉽고 빠르게 해결한다. 혹시 실패를 한다고 해도 실패의 원인을 빨리 분석해 실패를 성공으로 이끄는 능력도 갖추고 있다. 수리력이 좋은 아이는 무엇보다 수의 크고 작음을 파악하는 속도가 빠르고 정확하다.

반대로, 수리력이 떨어지는 아이는 논리력과 합리성이 부족하다. 그래서 행동이 부정확하고 믿음직스럽지 못하며, 시간개념이 흐리다. 또, 계획성과 논리력이 부족하다. 그래서 자신감을 잃을 가능성이 크고, 막연한 공상에 빠지기 쉽다. 말이나 행동이 느린 아이들은 수리력을 키우는 훈련을 해야 한다. 수리력을 키우려면 수의 개념을 심어주는 훈련부터 시작해야 한다.

사례 3 　수리력 솔루션

아름(가명)이의 수리력과 추리력은 모두 '보통 상' 수준이었다. 수행 속도는 전반적으로 매우 빨랐지만 정확도가 떨어졌다. 특히 계산 문제나 응용 문제를 풀 때 실수를 하곤 했다. 좀 더 신중을 기한다면 수행 결과가 훨씬 더 좋았을 것으로 예상되었다.

계산력을 키우려면, 사칙연산과 같은 반복 과제를 수행하는 과정에서 인내심을 기르는 훈련이 필요하다. 또, 사고력 문제에서도 충분히 풀 수 있을 것으로 보이는 문제에서 실수를 했는데, 풀이한 답이 맞는 것인지 반드시 검산을 해보는 것도 정확성을 확보하는 방법이다.

아름이처럼 수리력이 약한 경우에는 학습의 양을 늘리기보다는 적은 양을 공부하더라도 좀 더 세밀하고 꼼꼼하게 문제를 풀 수 있도록 지도를 해야 할 필요가 있다. 그러려면 규칙적인 학습량을 정하고, 시간과 관계없이 정한 목표량을 성실하게 해결할 수 있도록 동기부여와 보상을 해주는 것이 좋다.

공간지각력

공간지각력은 공간 능력과 관찰력 등을 결정짓는 능력이다. 이 능력이 우수한 아이들은 외부 세계에 대한 관심이 많고, 실기와 관찰을 통한 학습에 흥미를 보인다. 반대로, 이 능력이 떨어지는 아이들은 체험적인 관찰보다는 책을 통한 공부를 선호한다.

공간지각력이 우수한 아이들은 한 번에 많은 것을 하기보다는 세부 사항을 놓치지 않도록 지도하는 것이 더 효과적이다. 그리고 공간지각력 수준이 낮은 아이들은 경험을 통한 창의성과 더불어 사고의 개방성을 배울 수 있는 기회를 적극 만들어주어야 한다. 공간지각력이 우수한 아이들은 무조건 수학에 초점을 맞춰야 하고, 공간지각력이 떨어지는 아이들은 무조건 국어 (어휘) 공부에 초점을 맞추어야 한다.

공간지각력은 수학의 도형 단원을 제외하면 학습에 직접적인 영향을 미치지는 않는다. 그러나 공간지각력 수준이 낮은 학생들은 종종 창의적이고 적극적인 사고를 필요로 하는 응용문제나 서술형 문제에 약한 경우가 있다. 따라서 수학 도형 단원 집중 학습이나 기본 개념에 충실하되, 난이도가 다른 다양한 유형의 문제를 많이 접해보면서 패턴을 익히는 것이 도움이 된다. 평소에 응용문제가 어렵다면 기본 개념을 바탕으로 문제 해결의 다양성에 주목하는 습관을 길러두는 게 좋다.

사례 3 **공간지각력 솔루션**

경준(가명)이의 공간지각력은 보통 수준으로, 다른 능력에 비해 공간지각력이 가장 떨어졌다. 공간지각력은 교과목 가운데 수학의 도형 단원과 연관성이 깊다. 종합적으로 고려했을 때 실제 흥미도나 문제 해결 능력은 검사 결과보다 나은 편이다.

다른 능력보다 공간지각력이 못한 것은, 주변에 대한 관심과 호기심이 적기 때문이다. 따라서 학습 몰입도 면에서는 오히려 장점으로 작용할 때가 많다. 다만, 여러 가지 능력을 골고루 발달시키기 위해서는 여행이나 체험 학습 등을 통해 공간지각력을 향상시켜주는 노력이 필요하다. 또, 기질적으로도 자극 추구 성향이 약하므로 주변 생활환경에 변화를 주는 것이 학습에 도움이 된다.

잠재된 학습 능력을 끌어올리려면

　네가지 학습 능력은 발달하는 시기와 과정이 다르다. 당연히 학습 방법 또한 그에 맞추어야 한다. 먼저 0세부터 8세까지는 심리·정서적인 부분이 발달하면서 부모와 애착 관계를 형성하는 시기다. 이때 아이는 부모의 애정을 느끼면서 정서적인 관계를 맺는다.

　9세부터 11세, 즉 초등학교 2학년부터 4학년 때까지는 인지능력이 발달하는 시기다. 인지능력은 쉽게 말해서 학습을 구체화하고 체계화해 뇌에 방을 만들어 정리하는 것이다. 마치 컴퓨터에 폴더를 만들어 정리하듯 뇌에 방을 만들어 그때까지 축적한 지식과 정보를 분류해 정리하게 된다.

　12세 이후인 5학년 때부터는 창의성과 활동성을 체계화한다. 이 과정에서 종종 엄마들의 과도한 열의로 문제가 생기기도 한다. 엄마들이 아이의 인지능력 발달 단계를 건너뛰고 바로 창의적·활동적 단계로 넘어가려 하는 것이다.

네 가지 학습 능력

어휘력

언어이해, 독해, 언어표현력을 결정하는 능력
- **우수:** 읽기, 쓰기, 말하기를 좋아함. 사회성, 대인기술 발달
- **저조:** 자신의 능력을 타인에게 정확히 표현하지 못함
- **지도:** 사회적 상황에 대한 두려움을 없애는 데 초점

추리력

사고력, 분석력을 결정짓는 능력
- **우수:** 사물의 본질을 잘 파악함. 문제의 핵심이해
- **저조:** 혼자 생각하기를 싫어함. 추론 능력 떨어짐
- **지도:** 문제의 답을 스스로 찾아낼 수 있도록 지도

수리력

계산력, 지속력을 결정짓는 능력
- **우수:** 암기력, 과제집중력이 높고, 완벽성, 정확성이 있는 과제수행
- **저조:** 암기력, 과제집중력이 낮음. 정확한 과제수행이 어려움
- **지도:** (우수) 세부적인 것에 집착하지 않고, 전체적 의미 파악
  (저조) 집중력 및 반복과제에 인내심을 가질 수 있도록 지도

공간지각력

공간능력, 관찰력 등을 결정짓는 능력
- **우수:** 외부세계에 대한 관심이 많고, 실기 및 관찰을 통한 학습에 흥미
- **저조:** 직접관찰보다 책을 통한 공부를 선호
- **지도:** (우수) 한번에 많은 것을 하기보다는 세부사항을 놓치지 않도록 지도
  (저조) 경험을 통한 창의성, 사고의 개방성을 배울 수 있는 기회 제공

앞에서 말했다시피, 뇌에 방이 만들어지려면 반복 학습이 필요하다. 그런데 엄마들은 이 반복 학습을 무시하고 창의성만을 추구한다. 성적이 안 좋거나 학습 효과가 떨어지는 것은 반복 학습이 안 되어 장기 기억으로 넘어가지 않기 때문이다. 그래서 예습은 이해를 복습은 기억을 도출해 낸다. 따라서 중학교까지는 예습이 더 중요하다고 볼 수 있지만 고등학교부터는 복습이 더 중요하다. 왜냐하면 고등학교 공부는 서로 연결되어 있기 때문이다.

어휘력과 수리력은 공부에 절대적인 영향을 끼친다. 어휘력과 수리력은 세 가지 부가 기능이 있다. 집중력, 끈기, 암기력이다. 이 또한 반복 학습을 통해 강화할 수 있는 기능인데, 이러한 기능을 가지고 있으면서 어휘력과 수리력이 좋은 아이들이 공부도 잘하고 학습 능력도 뛰어나다.

이 네 가지 학습 능력 가운데 가장 중요한 것은 공간지각력이다. 공간지각력이 우수하다는 것은 확산적 사고를 잘하고 창의력이 뛰어나다는 것이다. 그래서 공간지각력이 좋은 아이들은 수학에서 도형을 잘한다. 공간지각력은 타고난 기질과 관련이 있어, 이 능력이 없는 아이들은 아무리 어릴 때부터 공간지각력을 키우기 위해 훈련을 해도 잘 안 된다.

나는 단순한 공부벌레보다는 공간지각력이 뛰어난 아이들이 과학고에 가야 한다고 생각한다. 유학을 가는 것도 권할 만하다. 공간지각력이 뛰어난 아이들은 체험 학습으로 공부를 하는 편이 효과가 좋기 때문이다. 우리나라처럼 교과서 위주로 학습하기보다는 다양한 시청각 교육을 통해 공부를 해야 자신의 실력을 최대한 발휘할 수 있다. 그리고 이 능력이 좋은 아이들이 공부를 잘해야 사회의 학문도 발전한다.

그러나 아이러니하게도 공간지각력이 좋은 아이들은 대부분이 공부를 못 한다. 그 이유는 무엇일까? 공간지각력이란 외부 세계에 대한 관심이다. 이런 아이들은 수업을 하면서도 복도에 지나가는 사람들에게 관심을 두고, 운동장에서 체육 수업을 하는 아이들을 살핀다. 그리고 학원에 갈 때는 거의 매일 지각한다. 학원에 가면서도 새롭거나 신기한 것이 있으면 기웃대는 등 다른 것에 관심을 갖느라 지각을 한다. 이는 모두가 외부 세계에 대한 관심이 왕성해서 생기는 일이다.

공간지각력이 뛰어난 아이들은 단어를 외우는 반복적인 학습에는 적응하지 못한다. 영어 단어를 외우더라도 사전을 끼고 공부하기보다는 시청각적으로 공부해야 한다. 예를 들어 공부방, 화장실, 거실 등 곳곳에 단어를 붙여놓고 시청각적으로 공부하면 그 효과가 훨씬 더 좋아진다.

그런데 책을 통해 하는 암기력이 떨어진다고 해서 기억력까지 나쁜 것은 아니다. 기억력은 그 어떤 아이들보다 월등하게 좋다. 즉, 보고 느끼고 체험한 것을 기억하는 능력은 타의 추종을 불허한다. 가령, 언제 어느 때 무슨 일이 일어났는지 거의 줄줄 외울 정도로 기억력이 뛰어나다.

공간지각력이 좋은 아이들은 대부분이 우뇌형이다. 초등학교 5학년 때까지는 좌뇌형보다 이런 우뇌형이 공부를 더 잘한다. 그러나 학습을 구조화하고 체계화하기 시작하는 5학년 이후부터는 좌뇌형이 공부를 더 잘한다. 이 때부터는 우뇌보다는 좌뇌를 써야 하는데, 공간지각력이 높은 아이들은 여전히 우뇌를 쓴다. 그래서 모든 학습을 대충 하면서 다 했다고 생각한다. 책 읽는 속도는 빠르나, 순차적인 이해를 하지 않아 지은이의 의도나 행간의 의미를 못 찾아낼 수 있다.

공부는 수리력과 어휘력에 공간지각력이 더해져야 잘한다. 그러나 공간지각력이 다른 능력보다 월등한 아이들은 오직 재미있는 학습만 추구하고 반복 학습은 멀리하기 때문에 공부가 안 된다. 게다가 우리나라 학교의 수업 방식은 창의성이 뛰어난 우뇌형 아이들에게 맞지 않는다. 공간지각력이 좋은 아이들이 성적이 떨어지는 것는 바로 그 때문이다.

그런데 한 가지 재미있는 사실은 요즘 아이들은 공간지각력이 뛰어나다는 것이다. 예상보다 많은 60퍼센트 이상 정도의 아이들이 공간지각력이 뛰어나다. 요즘 아이들이 공간지각력이 좋은 것은 은물, 가베 등을 많이 하다 보니 도형에 대한 감은 좋은데 반복하기를 싫어해 공간지각력만 좋아졌기 때문이다. 은물, 가베는 매우 좋은 프로그램이지만 더 효율적인 학습을 위해서는 반복 학습을 함께 해야 한다.

공간지각력에 비해 어휘력 수준이 굉장히 낮은 것도 요즘 아이들의 특징이다. 수리력도 거의 비슷한 수준으로 낮다. 논술 공부를 위해 책을 많이 읽는 편인데도 어휘력이 떨어지는 것은 정독하지 않고 대충 보기 때문이다. 이러한 독서가 계속되면 문장과 문맥 파악은 잘할지라도 어휘 하나하나에 대한 감각은 발달하지 않는다.

언젠가 대학원에서 교수와 대화를 나누다가 이런 말을 들었다. 자기가 가르치고 있는 학생들을 보면 시키는 것은 잘하는데 확산적 사고가 부족해 답답하다는 것이다. 이는 어릴 때부터 시키는 대로 공부는 잘했을지 몰라도 확산적 사고와 자율적 사고를 할 수 있는 공간지각력이 부족하기 때문이다.

  독서는 학습 능력 성향에 따라 각기 다르게 해야 한다. 독서가 좋다고 해서 닥치는 대로 가리지 않고 읽으면 안 된다. 수리력이 뛰어난 아이들은 사실적인 책보다는 비판적이고 자기 주관이 들어갈 수 있는 추리소설을 권하는 것이 좋다. 그러면 책을 안 읽는 아이들도 부담 없이 볼 수 있고, 좋아하는 아이들은 즐기면서 본다.

  그러나 이런 장르의 책을 공간지각력이 좋은 아이들에게 권하면 마치 독을 주는 것과 같다. 상상력이 풍부한 아이들이라 머리가 더 산만해지고 허황된 생각이 늘어난다. 따라서 공간지각력이 뛰어난 아이들에게는 깊이 있는 사고를 요구하는 다면적 독서가 필요하다. 즉 고전, 과학서적, 역사, 철학 등 사실적이고 논리적이며 분석적인 사고가 필요한 다양한 독서 경험을 제공해야 한다. 한편, 어휘력은 좋은데 공간지각력이 떨어지는 아이들에게는 공간지각력을 기를 수 있는 추상적인 책을 권해 사고력을 키워주어야 한다.

학습 능력에 맞추는 공부 방법

　공부를 잘하려면 네 가지 학습 능력을 어떤 순서대로 갖추는 것이 가장 좋을까? 굳이 순위를 매기자면 수리력, 어휘력, 추리력, 공간지각력 순으로 갖추는 게 좋다. 그래야만 공부를 잘하는데, 안타깝게도 요즘 아이들은 그 반대로 공간지각력, 추리력, 어휘력, 수리력 순으로 갖추고 있다. 그래서 공부도 잘 안 되면서 힘들어하기만 한다. 참고로 어휘력, 추리력, 수리력, 공간지각력 수준이 다 높으면 그 아이는 특목고형이다.
　어쨌거나, 공부를 잘하려면 이 네 가지 학습 능력을 골고루 갖추고 있어야 한다. 그러나 모든 아이들이 네 가지 학습 능력을 골고루 갖출 수는 없다. 그것은 욕심일 것이다. 그러므로 이 중 어떤 능력이 더 뛰어난지를 보고 학습 방법을 그에 맞추어야 한다.
　예전에 한 아이가 자신이 세운 어떤 목표에 따라 학교를 그만두고 검정고시로 진학을 준비했다. 그 아이는 소기의 목적을 이루지 못하고 어렵게 진학했는데, 나중에 나에게 "저는 고학 스타일이 아니더라고요"라고 말했다. 나는 이해한다며 고개를 끄덕여주었다.

"혼자 공부하는 게 누군들 쉬울까?" 하고 반문하는 사람들이 있을 것이다. 하지만 꼭 그렇지는 않다. 일정이나 방법을 혼자 결정하면서 해야 공부를 더 잘하는 아이가 있다. 그 반면에, 꼭 학교가 아니라도 스터디 그룹을 만들어 여럿이 의논하고 협조하면서 해야 더 잘하는 아이도 있다. 각자의 기질과 능력에 따라 적절한 공부 방법이 다르다는 이야기다.

네 가지 학습 능력을 그에 맞는 학습 환경에 따라 유형별로 분류하면 협동표현형, 직관사고형, 순차학습형, 감성학습형으로 나눌 수 있다. 차례대로 간단히 살펴보자.

협동표현형(어휘력이 좋은 아이)

어휘력이 좋은 협동표현형은 친구들과 여럿이서 함께 모여 공부하는 게 효과적이고 아이도 좋아한다. 혼자서 하는 공부는 힘이 들 뿐 아니라 좋은 성적도 기대하기 어렵다. 합동표현형의 특징은 다음과 같다.

- 우호적인 환경에서 높은 학습 효율을 보인다.
- 타인의 호의를 잘 이해한다.
- 자신의 재능을 타인에게 잘 이해시킨다.
- 혼자 해결책을 찾아야 하는 상황에서는 어려움을 느낀다.

직관사고형(추리력이 좋은 아이)

추리력이 좋은 직관사고형은 공부를 대충 하는 경향이 있다. 책을 봐도 한 번 보고 다 봤다고 생각한다. 그래서 성적이 어느 정도까지는 나와도 그 이상은 나오지 않는다. 그리고 전체적인 파악은 빨라도 부분적인 이해도가 매우 낮다. 부분적으로 깊이 들어가려면 수리력과 어휘력을 보충해야 하므로, 이런 아이들은 그런 능력을 빨리 기르는 것이 관건이다.

또, 직관사고형은 조력자가 있는 것이 좋다. 혼자서 한 일을 나중에 정리해준다든지 옆에서 조력자가 도와주어야 한다. 그래서 책을 읽더라도 반드시 피드백을 해주어야 한다. 조력자의 도움을 받으면 부분적인 이해도가 높아지면서 전체적인 이해도도 깊어진다. 직관사고형의 특징은 다음과 같다.

- 전체적인 의미를 잘 파악한다.
- 재미가 없는 과목에는 흥미를 보이지 않는다.
- 세심한 보충 자료에 소홀할 수 있다.
- 기발한 아이디어를 잘 찾아내는 확산적 사고를 지닌 유형이다.

순차학습형(수리력이 높은 아이)

수리력이 좋은 순차학습형은 대체로 전체적인 파악이 늦다. 그러나 어느 한 가지에는 비교적 깊이 있게 들어간다. 따라서 이런 유형은 전체적인 흐름을 파악할 수 있도록 도와주어야 하고, 다양한 경험을 하게 해주어야 한다.

책을 읽더라도 추리소설이나 판타지 소설처럼 스스로 사고력과 확산력을 키울 수 있는 것이 좋고, 자기의 영역을 구축할 수 있는 힘을 길러주어야 한다. 순차학습형의 특징은 다음과 같다.

- 개별적 사실과 논리적 관계를 중시한다.
- 신중하게 처신하며, 구체적인 정답을 잘 찾아내는 수렴적 사고를 한다.
- 전체적인 이해 부족으로 중요한 의미를 놓치기 쉽다.
- 폭넓은 경험을 통해 자기주장을 펴는 능력을 키워주어야 한다.

감성학습형(공간지각력이 좋은 아이)

공간지각력이 좋은 감성학습형은 다양하고 체험적인 학습을 선호한다. 감성학습형은 어떤 사람을 만나느냐에 따라 인생이 달라질 수도 있다. 특히, 민감한 교육 시기인 학창 시절에 어떤 선생님을 만나느냐에 따라 진로가 달라진다. 다만, 자기와 성향이 맞으면 다행이지만, 그렇지 않으면 득보다는 실이 더 많을 수도 있다.

이런 유형은 만약 선생님을 직접 선택할 수 있다면 탁월한 재능을 발휘할 수도 있다. 실제로 미국에서는 아이들이 선생님을 택하기도 하는데, 우리도 그렇게 된다면 감성적으로 탁월한 인재들을 많이 배출할 수 있을 것이다.

이런 문제를 떠나서라도 선생님을 아이들이 직접 택할 수 있다면 학교라는 공간 자체가 행복해질 것이다. 사실, 학교생활을 힘들어하는 아이 중에는 선생님과 맞지 않아서 그런 경우가 의외로 많다. 선생님과 아이들의 궁합이 매우 중요하다는 걸 알 수 있다. 감성학습형의 특징은 다음과 같다.

- 정서나 예술성이 요구되는 분야에서 두각을 나타낸다.
- 성격이나 정서가 맞는 사람과 공부하면 높은 학습 효율을 보인다.
- 딱딱한 공부에는 재미를 못 느끼고 낮은 학습 효율을 보인다.

이 밖에도 전천후통합형과 기초부족형이 있다. 전천후통합형은 네 가지 학습 능력이 전천후로 통합되는 유형으로, 학업 재능이 균형 있게 발달해 다방면에 관심과 재능을 보이며 고른 점수 분포를 보이는 것이 특징이다.

기초부족형은 말 그대로 기초 학습 능력이 부족한 유형으로, 자신의 능력을 잘 발휘하지 못한다. 그러므로 우선 학습에 걸림돌이 되는 원인을 제거하면서 기초부터 채우는 노력을 해야 한다.

공부의 기초는
학습활동력

　　공부를 잘하기 위해서는 학습활동력이라는 또 다른 능력이 필요하다. 학습활동력이란 타고난 지능인 인지역량과 별개로 학습을 하는 과정에 반영되는 개인적 성향을 가리킨다. 예를 들어 기억력의 경우, 선천적인 기억력지능지수가 아니라 수업 시간에 공부한 내용을 다른 아이들에 비해 상대적으로 얼마나 더, 혹은 덜 기억하고 있는지를 의미한다.

　　선천적으로 기억력이 좋은 아이라 하더라도, 어떤 이유에서든 막상 자기가 공부한 내용을 잘 기억하지 못한다면 성적이 좋게 나올 리 없다. 이때 우리가 살펴봐야 할 것이 '어떤 이유'이다. 단순히 아이의 습관 하나가 문제였을 수도 있고, 잘못된 암기법을 사용했을 수도 있고, 자기 나름대로 어떤 판단에 따라 그것을 기억해야 할 필요성을 못 느꼈을 수도 있다. 이유가 무엇이든, 이런 경우는 '학습 능력으로서 기억력은 좋지만, 학습활동력으로서 기억력은 낮다'고 말할 수 있는 것이다.

네 가지 학습활동력

기억력

학습한 내용을 기억할 수 있는 능력
- **우수:** 세부적인 사실, 학습내용에 대한 암기능력이 뛰어남
- **저조:** 세부적인 사실에 대해 관심을 갖고 소중히 여기게 함
- **지도:** (우수) 단순암기에 의한 공부가 되지 않도록 지도

집중력

과제에 방해받지 않고 지속적으로 집중하는 정도
- **우수:** 자신이 하고자 하는 일에 집중, 반복적인 일도 성취
- **저조:** 외부자극에 쉽게 방해를 받음
- **지도:** 집중력을 방해하는 환경, 학습 스타일 확인 지도

실행력

자신이 하고자 하는 일에 대한 계획을 세우고 실행하는 능력
- **우수:** 진지한 학습 실행력을 보임, 체계적인 계획과 실행
- **저조:** 체계적인 계획을 세우고 실천하는 것에 어려움 있음
- **지도:** 구체적인 실행방법을 알려주는 것이 필요(계획표 등)

학습 동기

학습에 대한 열의와 동기를 반영하는 특성
- **우수:** 미래에 대한 비전이 있음
- **저조:** 꿈, 목표가 없거나 구체적이지 못한 목표를 가지고 있을 가능성 있음
- **지도:** (우수) 학습에 대한 과도한 부담을 갖지 않도록 지도
  (저조) 목표를 잃어버리게 한 요인을 찾아 학습동기를 갖도록 지도

기억력, 집중력, 실행력, 학습 동기 중 아이들에게 가장 부족한 것은 학습 동기와 실행력이다. 특히 실행력이 매우 낮아서 학습 효과가 떨어진다. 무엇이든 할 수 있다는 자신감은 크지만 실행력이 바탕이 안 되어 허황된 자신감에 그치는 경우가 많다. 실행력을 키우려면 사소한 것이라도 성취감을 느낄 수 있어야 한다. 그리고 무엇이든 성취를 하려면 세부적이고 구체적인 목표가 있어야 한다. 거기에 모델링까지 있으면 더욱 좋다. 하지만 안타깝게도 요즘 아이들을 보면 그렇지 못하다.

학습 동기가 낮은 것도 문제다. 주위 친구들이 하는 것을 보면서 나도 저렇게 해야지 하는 생각에 학습 동기를 불태우지만, 학습 효능감이 떨어져 큰 효과를 내지는 못한다. 동기는 있으나 실제로 추진해나갈 에너지가 부족하기 때문이다. 따라서 학습 효능감을 높이는 프로그램을 다양하게 제시해야 한다. 그럼 네 가지 학습활동력에 대해 차례로 살펴보자.

기억력

학습한 내용을 기억할 수 있는 능력을 말한다. 기억력이 우수한 아이는 자기가 배운 세부적인 사실과 학습 내용을 암기하는 능력이 뛰어나다. 이런 아이는 단순 암기식 공부가 되지 않도록 지도하면 된다. 그런데 학습 동기, 집중력, 실행력 모두 우수한데 기억력은 상대적으로 저조한 아이가 있다면 어떻게 할까?

학습에 대한 열의와 동기가 있고, 자신이 하고자 하는 일을 계획을 세워 실행하는 능력도 갖추었고, 해야 할 과제를 꾸준히 파고드는 집중력 수준도 높게 나타났다면 기본적인 학습활동력은 우수하다고 평가할 수 있다. 그런데도 공부한 내용을 체계적으로 기억하지 못한다면, 기억하는 방법을 잘 몰라서일 수 있다. 이런 아이에게는 별도의 암기법 훈련이 필요하다.

다른 이유로는, 학습을 할 때 능률을 떨어뜨리게 만드는 어떤 요인이 있거나, 직관사고형으로 확산적 사고를 하면서 전체적인 맥락을 파악하는 데 치중하느라 세부를 기억하지 못하는 것일 수도 있다. 어느 경우든 정확한 원인을 찾아내 그에 맞는 처방을 해주어야 한다.

집중력

집중력은 과제에 방해받지 않고 꾸준히 집중하는 정도를 말한다. 집중력이 우수한 아이는 자신이 하고자 하는 일에 집중하며, 반복적인 일도 잘 성취한다. 그러나 저조한 아이는 외부 자극에 쉽게 방해를 받는다. 이런 아이는 집중력을 방해하는 환경을 점검하고, 학습 유형을 확인하여 지도를 해야 한다.

학습활동력의 다른 부분은 대체로 괜찮은데 집중력과 학습 동기의 수준이 낮다면, 그 아이는 지금 하는 공부보다는 다른 것을 더 하고 싶은 것일 수 있고 어쩌면 정말로 그것을 더 잘할 수도 있다. 이런 아이는 학습 동기를 재점검할 필요가 있다. 예를 들어 국어와 영어 등 어학 과목에서 학습 능력이 떨어진다면, 어휘력 보강을 위해 그런 쪽으로 재미를 붙일 수 있는 동기를 만들어주어야 한다. 또, 영어 공부를 할 때는 무조건 단어를 외우게만 하지 말고, 어원을 이해하고 분석하면서 공부하도록 지도해준다.

집중력이 떨어지는 건 다음 세 가지 문제 때문이다. 첫째로 언어와 읽기 능력이 부족해 이해가 안 되어서, 둘째로 습관과 훈련이 안 되어서, 셋째로 목표가 세워져 있지 않아서이다. 따라서 아이의 집중력이 결여된 원인이 어디에 있는지를 파악해 대처해야 한다.

실행력

실행력은 자신이 하려는 일을 계획을 세워 실행하는 능력을 말한다. 실행력이 우수한 아이는 학습을 진지하고 체계적으로 실행한다. 그러나 저조한 아이는 체계적인 계획을 세우고 실천하는 것에 매우 어려움을 느낀다. 그래서 별도의 학습 계획 없이 그날그날 하고 싶은 것 중심으로 공부한다. 이런 아이는 계획표 등 구체적인 실행 방법을 알려주면서 지도해야 한다.

이때는 우선 과목별 단위 학습량을 확인할 필요가 있다. 실행력을 키우려면 자신의 단위 학습량을 정확히 알고 학습 목표와 계획을 세워서 실천해나가야 한다. 이런 아이는 시험을 볼 때도 시험 범위를 전부 살펴보지 않고 시험을 보기도 하는데, 이는 계획을 세우지 않고 단위 학습량을 몰라서 발생하는 일이다.

실행력과 학습 동기 두 가지가 다 수준이 낮다면 학습 자체에 대한 흥미가 떨어져 있지 않은지 점검해봐야 한다. 만약 그렇다면 학습 동기를 부여하고 자신감을 갖게 해주는 것에 먼저 신경을 써야 한다. 그렇게 비전을 제시하고 동기부여를 해줌으로써, 학습 능력이 균형 있게 발달하고 자신에게 필요한 학습 습관을 형성할 수 있도록 도와야 한다.

학습 동기

학습 동기는 학습에 대한 열의와 동기를 반영하는 특성이다. 학습 동기가 우수한 아이는 미래에 대한 비전을 갖고 있다. 그러나 저조한 아이는 꿈과 목표가 없거나 구체적이지 못한 목표를 가지고 있을 가능성이 크다.

학습 동기가 우수한 아이는 학습에 과도한 부담을 갖지 않도록 지도하는 것이 중요하다. 그리고 저조한 아이는 목표를 잃어버리게 한 요인을 찾아 학습 동기를 다시 갖도록 지도해야 한다.

공부를 왜 하는지 모르겠다고 대놓고 호소하는 아이들이 있다. 이런 아이는 공부를 시작하기까지 시간도 오래 걸리고, 공부 중에도 관심이 주변의 다른 곳으로 분산되어 주의 집중을 유지하는 데 어려움이 있다. 따라서 집중력이 떨어지고 속도가 늦어지며, 실행력 수준도 낮아진다.

학습 동기는 여러 가지 요인과 상관이 있는데, 지적 호기심과 탐구심, 뚜렷한 학습 목표와 진로, 올바른 학습 습관, 심리적 안정감, 부모와의 관계 등에 많은 영향을 받는다.

학습 동기가 낮은 학생에게는 작은 것이라도 성공을 해보는 체험이 필요하다. 많은 시간과 노력을 들여 이루어야 하는 과제보다는 작은 성공 체험을 여러 번 하면서 스스로 '나도 할 수 있다'는 자신감을 갖게 만드는 동기부여가 필요하다. 이를 위해 적은 양의 학습 목표를 제시하면서 그것을 이루었을 때마다 적극적인 칭찬으로 성취감을 맛보게 해주어야 한다.

만약 아이가 장래에 하고 싶은 일이 있고 지금부터 그것에 관계된 일이나 공부를 더 하고 싶어한다면 일단 진지한 대화가 필요하다. 그러면서 훗날 무엇이 되든 지금 당장의 공부가 그것에 이르는 길이라는 것을 상기시켜 줄 필요가 있다.

아이의 활동 유형에 따른 공부 방법

아이의 학습 능력과 학습활동력을 점검한 후에는 이제 거기에 맞는 적절한 활동을 지도해야 한다. 앞에서 살펴본 것을 토대로 아이들을 분류하면 다음 네 가지 유형이 된다.

★ 학습 능력 우수 〉 학습활동 저조

이런 유형의 아이에게는 먼저 인지능력을 활용할 수단과 방법을 지도해야 한다. 머리는 좋은데 공부를 안 하는 아이들이므로 공부에 대한 틀을 만들어주는 게 필요하고, 어휘력을 키워주어야 한다.

★ 학습 능력 우수 = 학습활동 우수

이 유형은 인지능력과 학습 습관, 그리고 학습 방법을 갖추고 있어 동기부여 등 기본적인 지도와 관리만 하면 특별히 신경 쓸 게 없다(자기주도학습으로 유도).

★ 학습 능력 저조 〈 학습활동 우수

이 유형은 개인의 인지능력을 효율적으로 활용하는 유형이라 할 수 있다. 또, 학습 습관도 우수하게 갖추고 있다. 다만, 학습 능력을 좀 더 보강해야 한다. 공부는 하려고 하는데 능력이 낮으므로 수리력과 어휘력을 키워주는 체계적인 훈련이 필요하다.

★ 학습 능력 저조 = 학습활동 저조

이런 유형이 가장 문제다. 학습 능력이 낮은 데다 공부하는 방법도 전혀 잡혀 있지 않다. 그러나 꾸준히 지도하고 관리하면 언제든 좋아질 수 있다. 개인의 인지적 재능을 발휘할 만한 습관과 방법을 갖추지 못한 유형이므로, 무엇보다 자신감부터 고취해주어야 한다. 그러면서 서두르지 말고 차근차근 학습 능력과 학습활동을 지도해야 한다. 일단 수리력에 초점을 맞추면서 체계적으로 개념을 정리하도록 이끌어야 한다.

학습 능력, 학습활동과 학습 컨설팅의 관계

학습 능력과 학습활동을 토대로 하면 아이를 어떻게 지도할 것인지에 관한 학습 컨설팅 방법이 나온다. 이 관계에서 네 가지 유형을 도출해낼 수 있다. 간단히 살펴보자.

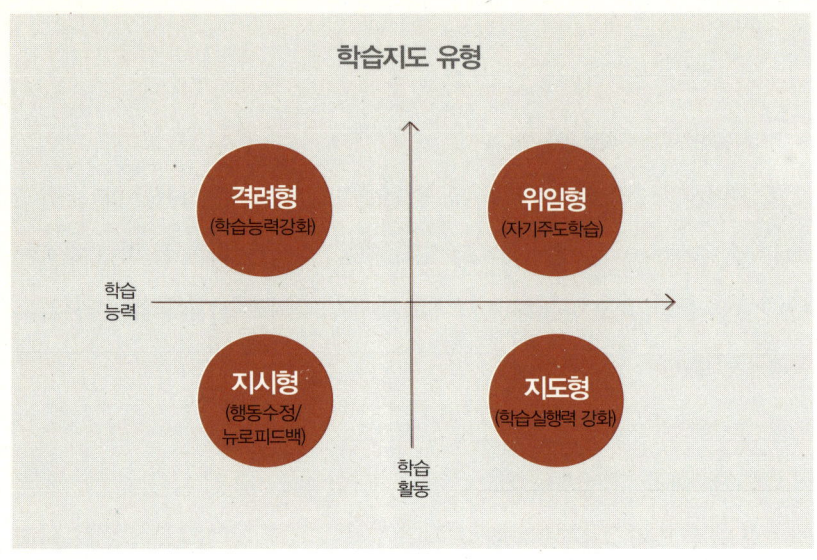

★ **격려형** 학습 능력 저조 〈 학습활동 우수

학습 능력은 뛰어나지 않지만 성실한 학습 습관을 가지고 꾸준히 공부하는 유형이다. 지능은 떨어지나 열심히 하려고 하기 때문에 기초 역량을 키워주어야 한다.

이런 유형은 자신의 학습 능력을 최대한 활용하려고 노력한다. 그러므로 부모가 지나친 기대와 간섭, 독촉을 하면 아이는 과도한 부담감에 좌절감을 느끼게 된다. 아이의 노력이 학업 성취로 이어질 수 있도록, 학습 능력을 강화하기 위한 구체적인 노력과 더불어 꾸준한 관심과 격려가 필요하다.

★ **지도형** 학습 능력 우수 > 학습활동 저조

　지도형은 학습 능력은 좋으나 그것을 실제로 활용할 수단과 방법을 잘 모르는 유형으로, 학습실행력을 강화해야 한다. 학습활동에 필요한 기억력, 집중력, 실행력, 학습 동기 중 아이에게 부족한 요인이 무엇인지 파악하고 구체적 대안을 마련함으로써 학습 효율을 높여주는 것이 매우 중요하다. 또, 인지 능력을 잘 활용하도록 계속 격려하면서 지도해주어야 한다.

★ **지시형** 학습 능력 저조 = 학습활동 저조

　학습 능력도 부족하고 이를 제대로 발휘할 만한 학습 습관과 방법도 갖추지 못한 유형이다. 즉, 학습 능력과 학습활동력이 다 떨어지는 유형으로, 아무리 학원에 다녀도 성적은 오르지 않는다. 이런 유형은 무엇보다 행동 수정이 필요하다.

　학습 능력 전반이 부족하다면 복습 위주의 꾸준한 학습이 필요하다. 그리고 어휘력, 수리력, 추리력, 공간지각력 중 특정 영역만 부족하다면 그 영역의 수준별 학습과 실행력 강화에 노력을 집중해야 한다. 특히 읽기 능력은 모든 학습의 기초가 되므로 우선적으로 보완해야 한다.

★ **위임형** 학습 능력 우수 = 학습활동 우수

　학습 능력이 뛰어나고, 그러한 능력을 적절히 발휘할 수 있는 학습 방법과 습관을 가지고 있어서 자신감이 충분한 유형이다. 깊이 있는 사고를 통해 내용을 만들어내는 능력은 물론, 그것을 적절히 표현하는 능력도 좋다.

따라서 아이를 믿고 자기주도학습을 잘 실천할 수 있도록 도와야 한다. 거기에 진정한 리더가 되는 훈련을 덧붙인다면 금상첨화다.

그런데 엄마들은 대부분이 위임형이다. 지시형이 많을 것 같지만 사실은 그렇지 않다. 엄마들은 공부하라는 말은 하면서도 구체적으로 격려하거나 지도하지 않는다. 쉽게 말해, 아이를 그냥 방치하면서 학교나 학원에서 다 해주기를 바란다. 이런 엄마들은 자기주도학습으로 이끄는 위임형이 아니다. 아이에게 모든 것을 떠맡기는, 그야말로 방치에 가까운 위임형이라 할 수 있다.

학습 능력과 학습활동력은 서로 조화를 이루어야만 더욱 큰 힘을 발휘하고 교육적인 효과를 낼 수 있다. 그리고 이런 효과를 보려면 시간 관리와 더불어 습관 관리까지 해주면서 컨설팅을 해주어야 한다. 무조건 지도만 한다고 되는 게 아니다.

우리 아이들의 가장 큰 문제는 무엇보다 성취 경험이 없다는 것이다. 그러다 보니 막연하고도 허황된 꿈을 꾸게 되고, 나는 할 수 있다는 근거 없는 자신감에 젖어 현실과 빗나가는 행동을 서슴지 않는다. 공부 잘하는 아이를 만드는 데에서 엄마의 역할이 막중한 것은 바로 그 때문이다. 학습 능력과 학습활동력을 점검하고 부족한 역량을 채우도록 이끌어주는 것은 그 누구보다 엄마가 가장 잘 할 수 있다.

STEP 4

학습 습관 및 행동 수정

구슬이 서 말이라도 꿰어야 보배다

무의식이 바뀌어야 행동이 바뀐다

전직 대통령이었던 어느 분은 어릴 때부터 책상 앞에 "나는 대통령이 될 것이다"라고 써 붙여놓았다고 한다. 주변에서 그것을 본 사람들은 어이없어 했을지 모른다. 너무 거창한 목표이기에 대견하다기보다는 그저 좀 맹랑한 아이라고 생각했을 것 같다. 그러나 아이는 결국 대통령이 되었고, 그 맹랑한 일화는 자랑스러운 추억이 되었다.

이런 장면은 드라마에도 흔히 나온다. 상급 학교 진학이나 취업을 준비하면서, 혹은 금주나 금연을 시작하면서 집 안의 가장 잘 보이는 곳에 자기 결심을 적어놓는다. 자신의 결심과 각오를 잊지 않고 늘 돌아보기 위해서다.

이런 행위는 실제 그 목표를 이루는 데 얼마나 도움이 될까? 심리학자들은 상당히 많은 도움이 된다고 한다. 그런데 왜 심리학자가 그런 말을 할까? 단순히 자기 결심을 수시로 떠올리는 것뿐이라면 심리학까지 들먹이지 않아도 된다. 결심을 할 때의 첫 마음을 자주 돌아본다면 분명 마음을 다지는 데 도움이 될 것이다.

그런데 여기에는 한 걸음 더 들어가 무의식의 문제도 있다. 자기 목표를 적어 늘 바라보면서 염원하면 일상에서 하는 말과 행동도 차츰 거기에 맞춰진다. 말하자면, 그 목표를 이루기 위해 생활 속에서 여러 가지로 무의식적인 변화가 생긴다는 이야기다. 우리의 뇌는 어떤 정보가 선명히 기록되기만 하면 거기에 맞춰 작동하게 되어 있기 때문이다.

나는 옛날에 자명종 없이도 매일 일정한 시간에 일어나는 어머니를 보며 신기해한 적이 있다. 지금 생각해보면 그것도 결국 같은 원리다. 몇 시에는 꼭 일어나야 한다는 분명한 목적의식이 있으면 일어나게 되어 있다. 간절하고 구체적인 메시지는 우리의 무의식 심층에 닿아 정서나 행동에 영향을 미친다. 그리고 그런 특정한 행동이 거듭되다 보면 뇌 자체에 아예 그런 사이클이 형성되는 것이다.

뛰어난 운동선수들은 경기를 앞두고 대개 마인드컨트롤을 한다. 경기에서 일어날 수 있는 장면들을 떠올리면서 그때 자기가 취할 동작을 머릿속에 그려보는 것이다. 실제로 하는 연습만큼이나 이 마인드컨트롤이 경기력 향상에 도움이 된다고 한다. 경기에서 일어날 수 있는 갖가지 장면과 그에 대처하는 자기 행동이 모두 뇌에 저장되어 그것과 유사한 장면이 벌어지면 즉각 반사행동이 일어나기 때문이다.

공부도 마찬가지다. 공부를 못하는 아이들은 무엇을 해도 억지로 하는 것이 눈에 보인다. 의식적으로 하려고 하니 그런 태도가 자연히 남의 눈에 들어오는 것이다. 그리고 그런 행동들은 남이 보기에도 힘들고 재미없게 보인다. 그래서 저 아이가 과연 언제까지 갈 수 있으려나 걱정스런 마음으로 보게 된다.

그러나 공부를 잘하는 아이들의 학습 습관은 아주 자연스럽다. 책을 펼치든 메모를 하든 어떤 질문을 하든, 결심하고 하는 행동이 아니라 저절로 나오는 움직임으로 느껴진다. 그건 마음가짐이나 행동 패턴이 공부하는 쪽으로 몸에 배어 있기 때문이다. 그렇게 일상화되어 있으니 힘들지 않고 자연스러워 보이는 게 당연하다.

자기주도학습에 들어가려면 기존의 여러 사고방식과 습관들을 바꾸어야 한다. 한마디로 행동 수정이 일어나야 한다. 그런데 결심만 갖고는 행동 수정이 쉽게 되지 않는다. 기존의 모든 사고와 행동 체계는 이미 뇌에 기록되어 있다. 교문을 나서면 바로 군것질부터 하던 아이가 '내일부터는 군것질을 하지 않겠다'고 결심했다면, 그 아이는 매일 교문을 나설 때마다 치열한 갈등을 겪게 된다. 뇌와의 싸움이 시작되는 것이다. 어느 날은 이기고 어느 날은 지고, 그러다가 지는 날이 조금씩 많아지면 급기야 결심 자체를 포기하고 만다.

정말 자기 행동을 바꾸려면 무의식부터 바꾸어야 한다. 그렇다면 어떻게 무의식을 바꿀까? 일단, 간절한 욕망이 첫째다. 결심과 욕망은 다르다. '어떻게 해야겠다'가 아니라 '어떻게 되고 싶다'여야 한다. 그러기 위해서는 구체적인 행동 수정 목록을 정하기 전에 자기가 왜 행동 수정이란 것을 하고자 하는지 그 이유를 먼저 가슴에 깊이 새겨야 한다. 이루려는 목적과 그 이유를 가슴에, 아니 뇌에 강하게 저장해야 한다.

　방법은 여러 가지가 있다. 앞에서 예를 든 것처럼 자기 목표를 써서 책상 앞에 붙여놓을 수도 있다. 그런 행동 하나에도 정성을 다해야 한다. 남의 심부름하듯 의례적으로 하는 행동은 무의식까지 닿지 않는다. 가장 깨끗한 종이를 구하고, 글씨도 차분하게 정성껏 쓰고, 가장 적당한 위치를 찾기 위해 자신의 생활습관과 평소 동선까지 세심하게 돌아본다. 그리고 밤에 잠을 잘 때도 그 종이를 붙인 자리를 떠올리고 글자 모양까지 생각해본다.

　그렇게 열심을 기울이는 행동 하나하나가 우리 무의식에 저장된다. 무의식에 저장한다는 것은 내가 그것을 얼마나 간절히 원하는지를 나 자신에게 다시 한 번 확인시키는 일이다. 그렇게 일단 무의식이라는 보물 창고에 들어가면, 그 다음에는 일부러 의식하지 않아도 나의 사고나 행동방식이 그 목표를 이루기에 가까운 쪽으로 변화하게 된다.

　행동을 바꾸려면 무의식부터 바꿔라. 그러기 위해서 시작 단계에서부터 간절히 열망해라. 그 열망을 스스로에게 확인시키기 위해 모든 사소한 준비 하나에도 정성을 다해라. 그런 마음이 쌓이다 보면 무엇을 결심하고 실행하는 게 아닌, 몸에 배는 아주 자연스러운 변화가 자기 내면에서 시작된다.

스마트한 목표를 세워라

자기주도학습을 위해서는 목표부터 스스로 세울 줄 알아야 한다. 목표는 목적지이자 이정표다. 자기가 어디로 가고 있는지, 잘 가고 있는지를 그때그때 확인시켜주는 것이 목표이다. 목표 안에 학습 전략도 행동 수정 방향도 다 들어 있는 것이다. 그래서 목표는 반드시 스스로 정해야만 한다. 물론, 부모님이나 교육 컨설턴트 등에게 적절한 조언도 듣고 함께 의논해야 하지만, 최종 목적지는 자신이 결정해야 한다. 남이 정해준 곳으로 가는 것은 이미 자기주도 학습이 아니다.

목표를 세우는 것은 사실 아주 재미있는 일이다. 공부를 더 잘하고 싶다는 마음만 확고하다면, 목표를 세우는 것은 여행을 계획하는 것과 똑같이 설레고 신나는 일이다. 여행지에서 보낼 꿈 같은 하룻밤을 미리 떠올려보듯 자기 목표가 이루어졌을 때의 성취감을 미리 느껴보면서, 그 목적지에 이르기 위해 필요한 정보를 찾고 구체적 일정을 하나하나 짜는 일인 것이다.

목표를 세웠는데도 공부에 의욕이 생기지 않거나 학습 진도가 나가지 않는다면 설정한 목표 자체에 무언가 문제가 있을 수 있다. 목표에도 좋은 목표가 있고 그릇된 목표가 있다. 좋은 목표란 그 목표가 나에게 왜 중요한지를 남에게 설명할 수 있는 목표다. 자기 능력과 상황을 정확히 진단한 후, 스스로 관심이 가는 방향을 설정하고, 거기에 자기만의 장점을 살릴 수 있는 것까지 고려해 목표를 세웠다면 목표의 배경과 현실적 의미를 설명하지 못할 리 없다.

그 반면에, 잘못된 목표는 자신조차 왜 꼭 그 목표여야 하는지를 제대로 알지 못하는 목표다. 막연히 그렇게 되면 좋겠다고 생각할 뿐이지, 여행 계획처럼 설레는 기대감으로 세운 목표가 아니기 때문이다. 그런 목표에는 당연히 자신의 능력과 상황에 대한 진단이 빠져 있을 것이고, 꼭 이루겠다는 의욕도, 잘할 수 있다는 자신감도 없을 것이다. 부모님이나 선생님이 좋아하니까 세운 목표일 뿐이어서 그 목표를 이루기 위한 구체적인 정보나 방법도 없다.

그런 목표는 세우지 않느니만 못하다. 목표 자체가 스트레스를 줄 뿐인데다, 조만간 또 한 번의 좌절을 경험하게 될 것이 뻔하기 때문이다. 자기주도학습을 시작해 목표를 세우려는 학생들에게 내가 늘 강조하는 것은 '스마트(S.M.A.R.T.)'한 목표다. 목표를 세울 때의 다섯 가지 원칙이라 할 수 있는 스마트 목표법을 소개한다.

Specific 추상적인 목표가 아니라 구체적인 목표를 세워라.

'지금보다 좋은 성적을 올리겠다'는 것은 목표가 아니라 희망이다. 그것도 막연한 희망에 불과하다. 어느 과목을 몇 점대까지 올리겠다는 식으로 구체적인 목표를 세워야 학습 계획도 짤 수 있고, 중간중간 목표에 얼마만큼 가까워졌는지 점검할 수도 있다.

Measurable 측정 가능한 목표를 세워라.

책을 많이 보겠다거나 수학 문제를 많이 풀어보겠다는 것 역시 막연한 다짐이다. 어느 기간 동안 몇 권의 책을 본다거나, 어느 유형의 문제를 일주일에 몇 개씩 풀겠다는 식으로 분명한 수치를 정해야 한다. 이 역시 목표를 점검하고 목표 달성 여부를 분명히 확인하기 위해서다. 그러기 위해서는 현재 상태 또한 수치화해야 하며, 따라서 정확한 사전 진단이 필요하다.

Action-oriented 실천으로 옮길 수 있는 목표를 정하라.

목표를 세움과 동시에 바로 실행할 수 있는 현실적 목표여야 한다. 이 말은 또 내 의지만으로 실천할 수 있는 목표여야지 주변 상황의 변화에 따라 유동적일 수 있는 목표여서는 안 된다는 뜻이기도 하다.

Realistic 실현 가능한 목표를 세워라.

마음만 앞서서 현실적으로 불가능하거나 금방 지쳐 나가떨어지고 말 목표를 세우는 것은 좌절을 맛보기 위한 목표일 뿐이다.

Timely 목표를 이루어가는 과정에 필요한 시간을 잘 분배하라.

이는 단계별 단기 목표를 세우라는 말이기도 하다. 같은 학습량이라도 초기와 끝나갈 단계에서 걸리는 시간은 다르다. 또, 체력적인 문제도 있다. 효율적인 시간 배분은 꾸준한 실행을 위해 가장 중요한 일이다.

# 꿈을 현실로 만드는
열 가지 자기 변화

지금 여러분의 꿈은 무엇인가? 꿈은 있는 것 자체만으로도 행복하다. 꿈이 있는 사람은 삶을 현재의 모습으로만 보지 않고, 앞으로 어떻게 될지 미래에 대해서도 생각한다. 그 때문에 분명한 자기만의 꿈이 있다면 그 꿈 자체가 모든 일에서 최고의 동기부여가 된다.

그런데 꿈을 꾸는 데도 훈련이 필요하다. 그럼 왜 꿈을 꾸어야 하는지, 또 어떻게 꾸어야 하는지, 그리고 꿈을 이루기 위해서는 어떻게 해야 하는지 알아보자. 이는 자기효능감을 높이기 위한 방법이기도 하다.

1. 꿈은 크게 가져라

일본인들이 많이 기르는 관상어 중에 코이라는 잉어가 있다. 이 잉어를 작은 어항에 넣어 두면 5~8센티밖에 자라지 않는다. 그러나 아주 커다란 수족관이나 연못에 넣어두면 15~25센티까지 자란다. 그리고 강물에 방류하면 90~120센티까지 성장한다. 사람은 어떨까? "크게 되려면 큰물에서 놀아라"라는 옛 속담이 괜히 있는 게 아니다.

2. 구체적인 꿈을 가져라

구체적인 꿈은 긴 항해에서 배가 목적지에 도달할 수 있도록 안내하는 나침반과 같은 역할을 한다. 꿈이 구체적일 때 꿈을 실현하기 위한 여정도 행복하고, 그 과정의 어려움도 쉽게 이겨낼 수 있다. 구체적인 꿈은 구체적인 행동을 낳고, 구체적인 행동은 눈에 보이는 결실을 만들어낸다.

3. 꿈을 적고 붙이고 체험하라

피겨의 여왕 김연아는 어렸을 때부터 올림픽에서 금메달을 따는 꿈을 꾸었다. 그리고 그것을 이루기 위해 수없이 꿈을 되새기고 훈련에 훈련을 반복하여 결국 꿈을 이룰 수 있었다. 구체적인 꿈을 가지는 것이 중요한 까닭은 그것이 성취동기를 자극하는 강력한 수단이기 때문이다. 그리고 그렇게 했을 때 비로소 좋은 결실을 맺을 수 있다. 그렇다면 자신의 꿈을 지금 적어보자.

4. 자신만의 목표를 세운다

목표는 꿈과 다르다. 꿈을 실현하기 위한 도구가 바로 목표다. 따라서 목표에는 마감 시간이 있고, 행동 계획이 따른다. 따라서 목표를 수립할 때 자신을 한번쯤 되돌아보는 시간이 필요하다. 자신을 제일 잘 아는 사람은 바로 자기 자신이다.

5. 목표를 세분화한다

목표는 크고 장기적이어야 한다. 목표를 크게 잡아야만 자신과 경쟁하고 싶은 욕망이 생긴다. 하지만 큰 목표는 행동을 곧바로 유발하지 못한다. 너무 오랜 시간 뒤의 일이기 때문에 현실감이 떨어진다. 따라서 큰 목표 아래 6개월, 1년 단위로 설정하는 중간 목표와 단기 목표가 필요하다.

6. 목표를 위한 행동 계획을 세운다

목표를 향해 나아가기 위해서는 현재 내가 어디에 있는지 알아야 하고, 또 앞으로 도달해야 할 곳이 어딘지 알아야 한다. 나의 현재 위치가 내가 정한 목표의 어디쯤에 있는지 정확히 알아야 당장 필요한 실행 과제를 정할 수 있다. 일단 목표가 정해졌다면, 당장 해야 할 일은 목표에 이르기 위한 실행 목록을 짜는 일이다. 실행 목록을 짜고 있으면 그것을 하나씩 이루어가는 자기 모습이 눈에 그려지면서 막연하기만 하던 목표가 나의 현실로 들어오기 시작한다.

7. 공부에 대한 두려움을 버려라

공부를 즐겁게 하는 학생은 몇 명이나 될까? 물론 있긴 하겠지만, 대다수 학생들에게 공부는 어렵고 귀찮고 하기 싫은 일 중 하나일 것이다. 그런데 사실 두려운 것은 공부가 아니라 시험이다. 시험 결과가 더 두려운 것이다.

아래의 질문에 답을 적어보면서 자기가 현재 어떤 모습으로 공부하고 있는지 차분히 돌아보라.

- 제일 자신 있는 과목은?
- 제일 좋아하는 과목은?
- 제일 싫어하는 과목은?
- 좋아하는 과목에 수업 시간에 드는 느낌과 자세는?
- 싫어하는 과목의 수업 시간에 드는 느낌이나 자세는?

8. 작은 성취 경험을 즐기자

작은 성공은 큰 성공의 어머니다. 자신감과 성취감은 여러 번 성공을 해본 경험에서 생겨난다. 작은 성공도 거둬본 경험이 없는 사람은 성공이 어떤 느낌을 가져다주는지 모른다. 흔히들 말하길, 시험에서 항상 한 개씩 틀리는 사람은 100점 맞아본 사람의 느낌을 모른다고 한다. 성공은 계단과 같은 것이어서 한 칸 한 칸 올라가야만 한다.

9. 틀려도 좋으니 자신 있게 말하자

모르는 것은 죄가 아니며 창피한 것도 아니다. 세상 모든 일을 다 아는 사람은 없다. 모르는 것이 있으면 묻자. "이게 뭐예요?" 내가 아는 것을 누군가 묻는다면 자상하게 답해주자. 틀렸다고 지적을 받아도 신경 쓰지 말자. 사람은 누구나 틀리고 실수하는 법이다. 그리고 "실패가 성공의 어머니"라는 건 공연한 위로의 말이 아니라 성공한 모든 사람들이 실제 자신의 체험으로 들려주는 말이다. 자신이 경험한 최고의 성공은 무엇인지 적어보자. 그때의 느낌도 적어보자.

10. 자아 이미지를 바꿔라!

내가 생각하는 '나'가 바로 자아다. 내 이미지는 누가 만들어주는 것도 아니고 부모님이 정해주는 것도 아니다. 내 이미지는 나 스스로 만드는 것이다. 자신의 이미지는 자신의 노력 여하에 따라 바꿀 수 있다. 아래의 질문에 답을 적어보라.

- 내가 잘하는 일을 할 때 드는 그 느낌은?
- 내가 싫어하는 일과 그 일을 할 때 드는 느낌은?
- 부모님이 나에게 원하시는 모습은?
- 내가 나에게 원하는 모습은?

성공적인 교과서 학습 전략

명문대에 수석으로 합격한 학생들이 흔히 하는 말이 있다. 학원 수강이나 과외를 한 번도 안 하고 교과서에만 충실했다는 말이다. 사실, 공부 방법만 확실히 익히면 교과서 공부만으로도 얼마든지 좋은 성적을 올릴 수 있다. 어떤 학원도 기본은 교과서에 나오는 내용을 바탕으로 수업하는 것이고, 어떤 시험도 교과서를 벗어나서 나오지는 않기 때문이다.

이 장에서는 교과서에 나오는 내용을 효과적으로 학습하는 방법을 알아보자. 단계별 학습 방법과 SQ3R법이라고 부르는 학습 전략이 그것이다.

1) 단계별 학습 방법

학생의 학습 능력과 학습 성향뿐 아니라 학과 점수에 따라 단계적으로 학습법을 달리해야 한다.

단계별 학습 방법

학습 능력 읽기 능력	개념 이해 교과서 읽기	개념 정리 구조화 학습법	오답 정리 학습 습관	총정리 심화문제 기억 카드
50~60점	70점	80점	90점	95점

시험 대비 학습 방법

1단계 : 목차 학습–전체 흐름 읽기
　2단계 : 교과서 읽기–개념 이해
　　3단계 : 재배열–개념 정리
　　　4단계 : 문제 풀이–오답 정리(약점 해결)
　　　　5단계 : 총정리–심화문제

50~60점대 학생은 기본적인 읽기 능력이나 학습 동기를 점검해보아야 한다. 지금의 읽기 능력이 현재의 학년에 맞지 않으면 낮은 학년의 학습 자료라도 보면서 읽고 이해하는 능력을 키워가는 것이 우선이다. 한편으로는 학습 동기가 부족해서 학습에 흥미를 못 느낄 수도 있다. 동기 유발 요인을 찾아서 북돋아주어야 할 것이다.

70점대 학생이 오답 노트를 정리하는 것은 사치다. 이 점수대의 학생들은 개념 이해와 교과서 읽기가 우선이다. 교과서에 나오는 개념들을 아직 이해하지 못하고 있으므로 교과서를 반복해서 읽으면서 개념을 이해하도록 해야 한다.

80점대 학생들이 가장 변화의 여지가 많다. 이 점수대의 학생들은 이해하고 있는 개념들을 구조화/재배열하는 학습이 필요하다. 마인드맵 등을 활용하여 개념들을 일목요연하게 정리하는 것도 한 방법일 것이다. 구술이

서 말인데 이제는 꿰어서 보배를 만드는 일이 필요한 단계이다. 90점대로 넘어갈 수 있느냐 없느냐의 갈림길에 있다.

90점대 초반의 학생들은 약점을 해결하는 학습이 필요하다. 문제 풀이 이후에 오답 노트를 정리하는 것이 대표적인 방법이며, 아울러 학습습관도 점검해보아야 한다. 최상위권으로 진입이 가능하다.

95점대 학생들은 심화학습을 해야 하는데, 총정리/심화문제 풀이/기억카드 활용 등 다면적이고 심층적인 학습이 필요하다.

2) SQ3R법

개관(Survey)

학습할 내용을 자세히 읽어나가기 전에 전반적인 줄거리를 대략 훑어본다.

★ 책 한 권을 전부 개관할 경우

　서문 읽기, 목차 읽기, 책장을 넘겨가며 각 단원의 제목과 소제목 읽기, 단원마다 요약이나 개요 읽기

★ 오늘 공부하기로 계획한 단원만 개관할 경우

　단원의 소제목 훑어보기, 소제목 밑의 문장 몇 줄과 그림이나 도표를 살피기, 그 단원의 개요나 요약 부분 읽기

질문(Question)

말을 하는 사람은 오래 기억하고, 듣기만 하면 쉽게 잊는다. 질문 역시, 스스로 질문을 하는 것만으로도 그 문제가 오래도록 머리에 남는다. 따라서 책 내용에 궁금증을 품고 그 뜻을 스스로 물어보는 것이 좋다.

- ★ 개관을 위해 각 단원의 요약과 소제목들을 볼 때
  책 내용에 호기심이 생기도록 적극적으로 살핀다.
- ★ 각 단원의 처음과 끝 부분 활용하기
  단원의 처음과 끝에는 대체로 질문이 적혀 있으므로 이를 활용한다. 각 교과서에 '연구 과제'나 '익힘 문제'라는 이름으로 질문이 붙어 있는 경우가 있다.
- ★ 공부하는 부분에 대한 의문을 간단히 적어본다.

읽기(Read)

여기에서 말하는 읽기란 앞 단계의 개관을 통해 이미 어느 정도 익숙해져 있고, 각각의 중요한 곳이 질문에 의해서 특별히 표시되어 있는 숲속 길을 직접 산책하는 것이라고 보면 된다.

- ★ 물어가며 읽기
  의문을 가진 상태에서 그 의문의 답을 찾아가는 자세로 정신을 집중해서 읽는다.
- ★ 핵심을 찾아가며 읽기
  교과서에서 강조한 부분에는 특히 신경을 쓰며 읽어야 한다. 중요한 용

어, 개념 부분에는 밑줄이 쳐져 있거나 글자체가 고딕으로 되어 있을 때가 많다.

★ 시각 자료 훑어읽기

본문만 읽지 말고 표, 그래프, 그림들도 빠짐없이 본다.

암기(Recite)

암기는 곧 학습을 뜻한다. 실험에 따르면, 글을 읽은 직후에 사람들은 그 글의 50퍼센트밖에 기억하지 못한다고 한다. 잊지 않으려면 배운 즉시 반복해 암기하는 수밖에 없다.

★ 이해하며 암기하기

인명이나 지명, 연도 등과 같이 원칙이나 상호 연관성이 없는 내용이 많은 국사, 지리 등의 과목을 공부할 때는 90~95퍼센트 암기에 의존하는 수밖에 없다. 그 반면에 수학이나 과학처럼 이해하는 데 많은 시간이 걸리지만 일단 이해만 하면 외우는 데 시간이 걸리지 않는 과목은 공부 시간의 20~30퍼센트만 암기에 사용하면 된다.

★ 소제목을 활용하는 암기법

소제목 단위로 암기한다. 분량으로는 2~3페이지 정도를 읽고 난 후 암기하는 것이 적당하다. 하나의 소제목 아래의 내용을 다 읽었으면 다음 소제목으로 넘어가기 전에 눈을 감고 금방 읽은 줄거리와 핵심 내용을 떠올려보면서 소리 내어 말해보는 것이 효과적이다

재검토(Review)

재검토란 책을 덮기 전에 오늘 공부한 부분을 빠른 속도로 다시 한 번 훑어보는 것이다. 재검토는 일종의 반복 개관이다. 재검토할 때는 다시 읽기와 암기가 필요하다. 시험을 보기 전에 재검토를 서너 번 할 수 있다면 가장 바람직하다.

사례 **독서지도**

읽기 능력이 부족한 정훈(가명. 중2)이는 지능과 공간지각력이 뛰어나지만 학습의욕은 부족한 상태였다. 다행히, 자신의 머리가 좋다는 검사 결과에 고무되어 있어, 잘 지도하면 좋은 결과를 얻을 수 있을 것 같았다.

한편, 외동아이의 특성에 어머니와 지나치게 밀착해 있어, 자발적이며 독립적인 사고가 부족한 부분이 눈에 띄었다. 정훈이에게 물어봐도 어머니가 먼저 대답하고, 정훈이가 대답을 하더라도 엄마가 말하는 것 같은 느낌이 들었다. 그 부분에 대해 지적하고, 정훈이가 갖고 있는 힘을 끌어내는 수업이 되도록 어머니와 협의하였다.

첫 수업은 『비밀의 화원』(프랜시스 호즈슨 버넷 지음, 시공사)으로 시작했다. 먼저 작가에 대해 조사하고, 그녀의 성격과 삶이 어떻게 작품에 영향을 미쳤는지를 『제인 에어』의 작가 샬롯 브론테와 비교해서 분석하였다.

또한 메리와 콜린 두 사람의 성향, 어린시절, 가정 환경을 책에서 찾아서 노트에 적은 후 공통점과 차이점을 분류하였다. 분류를 토대로 '몸에 밴 어린 시절'(미샤 다미안)을 접목시켜 이 아이들이 어떻게 성장할지 유추해보게 하였다.

　마지막으로, 책 속에 나오는 중요한 사건과 그 영향에 대해 토론하였다.

　토론 내용은,

'작가가 그 사건을 통해 주고자 하는 메시지는 무엇인가?'

'등장인물 중에서 가장 공감이 가거나 거부감이 드는 사람은? 그 이유는?'

'나는 누구와 많이 닮았는가? 부모님과 나와 관계는 어떠한가?' 등이었고, 마지막 활동은 독후감 쓰기로 마감하였다.

　이 수업의 목표는 공간지각력이 뛰어난 아이가 갖고 있는 특성을 고려하여 치밀하고 꼼꼼하게 현실을 보는 능력을 키우는 데 있었다. 막연하게 '그런 것 같다'는 뜬구름 잡는 식의 서술이 아니라, 의견을 내면 꼭 근거를 덧붙이는 훈련을 하였다.

　또한, 글을 읽거나 토론한 내용을 글쓰기로 옮기는 작업을 어려워하는 정훈이에게 자신의 생각이 쉽게 글로 바뀔 수 있다는 것을 알게해 자신감을 갖게 하였다.

　햇살이 좋은 날에는 놀이터 벤치에 나란히 앉아 놀고있는 아이와, 여러 가지 색으로 물들고 있는 나무들, 하늘과 구름을 관찰하였다. 그것을 말로 표현하고 글로 옮겨쓰기를 하는 과정에서 표현력이 자연스럽게 늘었다.

　정훈이는, "와~ 이런 수업 처음이에요! 낙엽 색깔이 다 달라요. 재미있어요."라며 수업에 큰 흥미를 보였다.

　어머니는 "정훈이가 책을 좋아하고 스스로 읽고 숙제를 끝내놓는 게 너무 신기해요. 어리광 부리듯 징징거리는 것도 없어지고요. 갑자기 큰 것 같아요."라며 집에서의 변화에 대해 알려 주었다.

독서는 아이를 하루아침에 바꾸어 놓지는 않는다. 하지만 독서는 끊임없이 다양한 자극을 주고, 등장인물들과 교류하면서 아이는 지적능력은 물론이고 사회적, 인격적인 면에서도 성숙하게 된다. 누가 강요하지 않아도, 남과 자신을 귀하게 여기고 함께하는 삶에 대해 생각해 보게 되는 것이다.

열심히, 진지하게, 그러나 무엇보다도 즐겁고 재미있게 공부하는 것이 독서지도의 목표다. 책에 재미와 매력을 느낀 아이는 평생 자신을 지켜 줄 든든한 멘토와 함께 가는 것이다.

평생의 멘토인 책을 어찌 부모가 소개해주지 않겠는가?

행동을 바꾸기 위한 실천 전략

　자기 관리에 실패한 사람들은 목표를 이루지 못했다는 좌절감 이전에 자신에 대한 실망감을 먼저 맛본다. 자신의 성격이나 의지가 약한 것을 스스로 탓하기 때문이다. 그러나 행동 관리가 안 되는 것은 대부분이 성격이나 의지보다는 주변 상황 때문이다. 우리의 행동은 환경에 따라 변하기 때문이다. 따라서, 행동 수정을 하려면 굳은 결심과는 별개로 적절한 단계적 전략이 필요하다.

　이는 본인뿐 아니라 학생을 지도하는 부모나 컨설턴트도 마찬가지다. "살을 빼려면 하루에 한 시간씩 운동하라." "공부를 잘하려면 일주일에 8시간씩 예습과 복습을 하라." 이런 이야기는 누구라도 할 수 있다. 물고기를 잡아주지 말고 물고기 잡는 법을 가르치라는 말이 있다. 행동 수정에도 이와 같은 근본적 원인 처방이 필요하다.

　하나의 행동은 '선행 사건―행동―결과' 순으로 진행하면서 습관으로 자리 잡는다. 선행 사건은 한 사람의 특정 행동을 유발하는 선행 자극이다. 이 선행 자극은 주변에서 발생한 물리적인 사건일 수도 있고, 혼자만의 생각이나 감정, 혹은 무심코 나온 혼잣말일 수도 있다.

사람은 이러한 선행 자극을 받아 어떤 행동을 하게 된다. 행동이 이루어지고 나면 이번에는 그 행동의 결과로 생기는 자극이 있다. 그 행동이 일으킨 주변 반응, 그리고 자기 행동에 대한 후회나 만족감 등이 그것이다. 이러한 결과 자극이 다음에 또 똑같은 행동을 할 것인지 아닌지에도 영향을 미친다. 우리는 이처럼 비슷한 상황에서 반복되는 경험을 통해 행동을 습관화하며, 그 습관적인 행동이 또다시 다른 행동을 유발하게 된다. 따라서, 행동을 바꾸려면 이러한 각 단계를 스스로 인식해 적극적으로 개입해야 한다.

이를테면, 하나의 행동을 시작하려면 먼저 선행 사건을 만들어야 한다. 새로운 선행 사건이 일어나면 거기에 따라 새로운 행동이 나타나고 새로운 결과가 만들어진다. 그리고 그 결과가 다시 새로운 행동을 자극한다. 결국, 새로운 행동을 하려면 새로운 시도(선행 사건)가 필요하다.

예를 들어, '공부하는 습관을 기른다'는 목표를 정했다고 하자. 다음으로, 집에 돌아오면 한 시간 동안 오늘 배운 것을 복습한다는 구체적인 계획도 세웠다. 그렇다면 여기에 필요한 선행 사건은 복습이라는 '행동'으로 들어가는 것을 방해하는 선행 사건을 제거하는 일이다. 즉, 집에 돌아오면 무의식적으로 텔레비전을 켜는 게 습관화되어 있다면 그 습관부터 없애야 한다. 공부를 하지 않더라도 최소한 텔레비전만은 켜지 않아야 하는 것이다.

하지 않던 복습을 하기는 쉽지 않지만, 텔레비전을 켜지 않는 것은 비교적 쉽다. 늘 텔레비전을 켜놓고 있던 시간에 텔레비전을 켜지 않으면 무엇이든 전과는 다른 행동이 나온다. 텔레비전을 켜지 않는다는 것은 전에는 없던 시간이 새로 생기는 것이기 때문이다. 이처럼 일단 텔레비전에 빼앗겼던 시간을 자기 시간으로 확보하고 나면, 복습이라는 애초의 목적을 실행하기가 훨씬 쉬워진다. 어떤 행동을 시작하려면 그에 필요한 선행 자극을 먼저 만들어야 한다. 간단한 일 같지만 이야말로 행동 수정의 제1원칙이라 할 수 있다.

이에 필요한 조금 더 구체적인 방법은 다음과 같이 정리할 수 있다.

- 목표 행동을 정한다.
- 목표 행동을 관찰한다.
- 변화 계획을 세운다.
- 스스로에 대해 알아가면서 계획을 수정한다.
- 변화를 유지하도록 단계를 밟아간다.

이는 계획-관찰-평가로 이어지는 3단계 행동 수정 전략이다. 목표 행동은 '어느 시간에 어느 장소에서 무엇을 한다'라는 식으로 구체적으로 정해야 한다. 그 다음에는 그 행동에 들어갈 수 있도록 선행 사건을 이끈다. 앞에서 예를 든 것처럼, 무조건 텔레비전을 켜지 않는다는 식으로 변화 계획을 세우는 것이다.

그 다음에는 자신이 과연 그 목표대로 행동했는지를 스스로 관찰, 기록해야 한다. 행동을 하지 못했다면 왜 그랬는지, 애초의 목표 행동 대신에 무엇을 했는지 기록한다. 이것이 자기 관찰이다. 관찰을 통해 계획을 수정할 수 있다. 자신이 텔레비전을 켜지 않았지만 가족 중 누군가가 텔레비전을 켰다면 이는 예상치 못한 돌발 변수이다. 혹은, 텔레비전을 켜지 않으니까 왠지 허전해서 복습은커녕 아무 일도 하지 못하고 안절부절못했다면 이 또한 예상 밖의 변수이다.

이러한 변수들을 자세히 관찰한 다음, 그에 맞춰 현실적으로 계획을 수정하는 것이다. 즉, '어떠한 변수가 얼마나 자주 일어나는가?', '자신은 그 변수에 어떻게 대응했는가?', '나의 의지와 주변 상황 중 어느 것이 더 크게 작용했는가?' 하는 것들을 꼼꼼히 따지고 평가한다.

이처럼 자기 관찰을 할 때 유의할 점이 네 가지 있다.

- 어떤 행동이 일어났을 때 그 즉시 행동의 의미와 상황을 파악한다.
- 모든 행동을 하나도 빠짐없이 파악한다.
- 그것들을 전부 기록한다.
- 기록은 간단하게 하면서 기록하기 자체를 버릇으로 만든다.

어려움을 이미 예상하고 대비하는 것도 중요하다. 이에는 몇 가지 중요한 점검 사항이 있다.

- 잘될 거라고 긍정적으로 생각한다.
- 자기효능감에 대한 신념을 갖는다. 꼼꼼히 계획하는 과정을 통해 자기 행동과 실행 방법을 확신할 수 있게 된다.
- 유혹에 대비한다. 예상할 수 있는 유혹 리스트를 만들어 미리 마음을 다지며 대응 태도를 생각해둔다.
- 실수를 기대한다. 실수할 경우 그것을 통해 오히려 자신을 더 정확히 파악하고 확실한 계획도 세울 수 있다는 생각으로 실수를 은근히 기다린다. 이는 실수 자체를 예방하는 일이기도 하며, 아울러 실수가 발생했을 때 자책감에 빠지는 것을 미리 방지하는 일이기도 하다.

이처럼 행동 수정의 각 단계를 늘 스스로 의식하며 계획-관찰-평가의 3단계를 반복하다 보면 차츰 처음 목표대로 행동하게 된다. 자기 행동을 강하게 의식하고 조절함으로써 의식적 행동을 점차 무의식적 행동으로 바꾸어가는 것이다.

사례 | 행동 수정 프로그램

대상 중3 남학생

행동 수정 목표 ① 산만한 행동을 줄이기 ② 공부 시간에 집중력을 높이기
③ 방학 동안 목표로 하는 문제집 3권 이상 풀기

회기 12회(주 1회)

처치 ① 기록하기(1~12회기)

행동 수정의 기본은 '기록'이다. 기록하는 습관은 자신의 행동을 객관적으로 바라볼 수 있게 하고, 행동에 대처하기 위한 밑거름이 된다. 기록은 크게 '선행 사건-행동-결과'로 구성하며, 행동이 일어나기 전에 행동을 미루기 위해 하는 회피행동 패턴이 있는지 선행 사건을 통해 알아보고, 나의 '산만한 행동'이 얼마나 자주 반복되는지 직접 관찰하면서 변화를 그래프로 그려보고 매주 선생님에게 피드백을 받는다. 학생은 처음부터 마지막 회기까지 빠지지 않고 기록을 한 결과 성공적으로 행동을 수정할 수 있었다.

처치 ② 선행 사건 수정하기(4~12회기)

선행 사건 기록을 관찰한 결과, 학생은 공부를 늦게 시작하고, 공부 시간에도 산만한 행동(다리 떨기, 펜 돌리기, 졸기, 돌아다니기 등)을 지속하는 경향을 보였다. 따라서, 4회기에 선행 사건에 개입하기 위한 규칙 표를 만들고, 매일매일 규칙을 지켰는지 체크해보도록 했다. 그 결과, 규칙을 만들고 지키기 위해 의식하고 자신에게 좀 더 유용하도록 규칙을 바꾸어나가는 과정만으로도 산만한 행동이 줄어들었다.

처치 ③ 행동계약서(4~12회기)

행동 수정에서는 학생에게 처벌보다는 '강화'를 통해 좋은 행동을 하도록 동기를 북돋아준다. 어머니와 함께 상호계약을 통해 칭찬을 유도한다. 다음은 행동계약서 예시이다.

행동계약서 예시

지켜야 할 행동과 받을 수 있는 쿠폰 수	강화물 및 교환 가능한 쿠폰 수
1. 영어 단어 시험 4개 이하로 틀리기(더 적게 틀릴수록 많은 쿠폰. 다 맞으면 최대 5개 받음) 2. 수학 문제집 두 단원 연습문제 풀이 과정 노트에 쓰기(쿠폰 1개) 3. 중학 영문법 1단원 풀기(쿠폰 1개)	1. 주말 자유 시간 1시간 = 쿠폰 10개 2. 용돈 1000원 더 받기 = 쿠폰 10개 3. 영화 1편 보기 = 쿠폰 25개 4. 책 2권 사기 = 쿠폰 20개

그 결과, 학생은 12회기가 끝날 때 50개 이상의 쿠폰을 어머니께 받았고, 모은 쿠폰을 가지고 원하는 보상(영화 보기)과 바꾸었다. 실제로 영화를 보기 위해 학생은 더 열심히 노력했다.

처치 ④ 매주 작은 목표 세우기(9~12회기)

회기가 진행되면서 행동 수정 프로그램을 더 잘 진행하기 위해 매주 세부 목표가 필요했다. 따라서, 중반 이후 다소 저조해지던 스티커 피드백 속도를 늘리기 위해 매주 5개 이상, 10개 이상으로 목표를 정해 스티커를 받도록 했다. 그 결과, 12회기까지 꾸준히 부모님께 스티커 피드백을 받으며 행동을 유지할 수 있었다.

최종 결과

아래 그래프를 참조하면 아동의 산만한 행동은 평균 65퍼센트에서 20퍼센트 이하로 줄어들었으며, 공부 시간 집중도를 30분마다 자가 평가한 결과 집중도도 50퍼센트에서 80퍼센트로 증가했다. 아울러, 매주 계획을 세운대로 수학 문제집, 영문법 책 1권, 영어 듣기를 마무리해 매번 다 끝내지 못 했던 문제집들을 행동 수정 프로그램을 통해 다 끝내고 새 학기를 맞이하게 되었다.

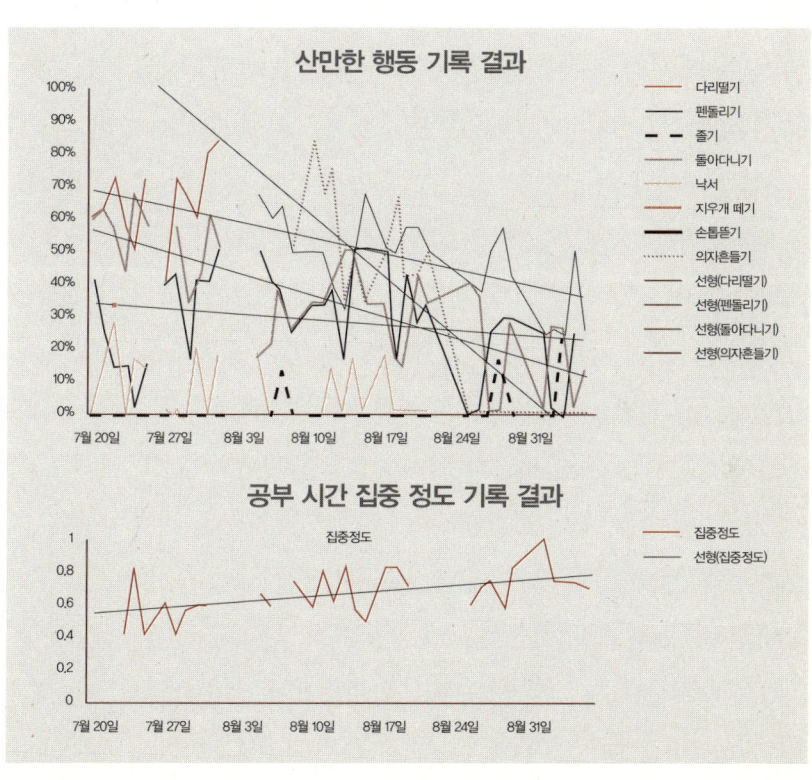

진로 적성 탐색

목표가 정해지면 길이 보인다

진로 선택에도 코디가 필요하다

2010년 경기도교육청은 '진로교육 도우미제' 운영 계획을 세우고 '진로교육 코디네이터(진로 코디)'를 2학기부터 일선 학교에 파견해 체계적인 진로 교육을 실시한다고 밝혔다.

이에 앞서 경기도교육청은 진로 코디 선발 심사를 실시했는데, 총 786명의 지원자가 응시원서를 제출했다고 한다. 이 가운데 심층 면접 등 1, 2차 시험을 통해 107명을 최종 선발할 것이라 한다.

진로 코디에 응시한 사람들의 이력을 보면 다채롭다. 교원자격증 소지자, 전문 상담사, 사회복지사, 청소년지도사 등 진로 및 상담 관련 자격을 포함해 다양한 경력과 연수 경험을 가진 전문 인력들이 응시했다. 이 가운데 최종 선발된 진로 코디들은 전문 연수 과정을 거쳐 경기도교육청 관내의 중학교에 전면 배치된다. 그리고 학교를 순회하며 중학교 교육 과정의 창의적 재량활동 시간을 활용해 학급당 3시간씩 교육을 담당하게 된다.

진로 코디 사업의 특징은 커리어 포트폴리오 작성을 통한 '생애진로설계' 프로그램을 중심으로 하여 진로 체험 프로그램과 진로 교육 사이버 인증제를 연계해 추진한다는 것이다. 그리고 이를 통해 학생들의 직업 선택 능력을 배양하고, 생애 설계 능력 함양을 이끌어냄으로써 일선 학교의 진로 교육을 체계화한다는 것이다.

진로 교육은 비단 경기도교육청만 나서고 있는 것이 아니다. 또, 어제 오늘의 일도 아니다. 2011년부터 서울시에서는 진로 과목이 선택 사항으로 들어가게 된다. 이렇듯 전국적으로 전문적인 진로 교육을 활발하게 실시하고 있는데, 과거와는 달리 형식적 교육이 아니라 실제적인 교육이 이루어지고 있다는 점에서 매우 바람직한 현상으로 보인다.

이처럼 그 어느 때보다 높은 관심과 열의 속에서 새로운 진로 교육 프로그램들이 속속 쏟아져 나오고 있고, 비교적 성공리에 정착되고 있다. 특히 앞으로 중학교에서 가장 중요하게 취급될 창의적 체험 활동이 결국 진로 탐색과 이어지는 활동이 된다.

자녀를 둔 학부모라면 당연히 아이들의 진로 문제를 가장 높은 우선순위에 둘 것이다. 학교 수업도 모자라 과도한 사교육비까지 지출하며 과외다 학원이다 하면서 공부를 시키는 이유는 단 하나, 우리 아이만큼은 더 좋은 학교에 보내 훌륭한 사람으로 만들고 싶어서다. 그러자면 가장 크게 고민해야 할 문제가 바로 진로다.

진로를 결정할 때 고려해야 할 첫 번째 요소는 아이의 재능과 적성이다. 그런데 아이에게 어떤 재능이 있고 어떤 부문에 가장 적성이 있는지는 알기가 뜻밖에도 쉽지 않다. 사람들의 눈에 바로 들어오는 특별한 예술적 재능이 있다면 몰라도, 그 밖의 다른 재능이나 적성은 아이들 자신조차 정확히 알지 못한다.

진로에도 코디가 필요한 것이 그 때문이다. 진로 탐색에서 기본적인 요소는 아이의 흥미, 정서와 기질, 뇌 성향, 학습 능력이다. 아이의 잠재력을 정확히 진단하고, 아이의 성격이나 부모의 희망, 거기에 집안 환경까지 다양하고도 섬세하게 고려해 진로를 결정해야 하는 것이다. 단순히 공부를 잘하느냐 못하느냐만 갖고 성적 위주로 학교나 전공을 선택한다면 행복한 미래를 보장받을 수 없다. 진로를 코디한다는 것은 한마디로 아이의 인생을 설계하는 문제이므로 전문적인 교육 컨설턴트의 도움이 필요하다.

다중지능 검사는 왜 필요한가

"우리 아이는 성적도 너무 안 좋고 뭘 시켜도 잘하는 게 없어요. 도대체 뭘 시켜야 할지 모르겠어요."

때때로 이렇게 하소연하는 엄마를 본다. 특히, 객관적인 학습 능력이 나타나기 시작하는 중학교 아이를 둔 엄마들이 이런 하소연을 많이 한다. 엄마가 하는 이야기의 요점은 이것이다.

- 아이가 좋아하는 것이 무엇인지 모르겠다.
- 잘할 수 있는 것이 있기는 한 것 같은데 확신이 서지 않는다.
- 아이가 하고 싶어하는 것과 부모가 생각하는 진로가 다르다.

이런 엄마에게 나는 주저 없이 다중지능 검사를 권한다. 모든 사람들에게 공통적으로 있는 다양한 지능 영역을 검사하여 아이 자신은 물론이고 부모도 몰랐던 새로운 가능성과 잠재력을 발견할 수 있기 때문이다. 미국 하버드 대학 교육심리학과 하워드 가드너(Howard Gardner) 박사가 주창한 '다중 지능'은 지적 능력을 평가하는 지능지수에 정서 능력, 창의력, 적성을 포함해 구축한 종합지능 이론이다.

이제까지 지능검사의 표준으로 인식되어 온 IQ 검사는 사람의 지능 중 언어 능력과 논리·수학적 능력 등 일부의 지적 능력만 측정하는 데다 IQ 점수 자체가 일관성이 결여되어 있다는 약점이 있다. 또한, IQ 점수와 현실적 성공의 상관관계도 생각만큼 크지 않다. IQ와 성적의 상관계수는 3~7 사이이고, 사회적 성공과의 상관계수는 2 이하로 극히 낮다. IQ가 아주 높거나 낮은 경우 말고는 한 사람의 전반적 지적 능력을 평가하는 데 한계가 있다는 이야기다. 특히 장래의 진로를 결정하는 데는 거의 쓸모가 없으며, 수치 하나로 사람의 능력을 서열화하는 점도 문제다.

가드너 박사의 정의에 따르면, 지능이란 문제 해결 능력 또는 가치 있게 여기는 어떤 결과를 만들어내는 능력이다. 그는 단순한 학업 적성만이 아니라 인간 사회에서 가치 있게 여기는 다른 종류의 능력, 즉 공간 능력, 음악 능력, 신체-운동 능력, 대인관계 능력, 개인 지각 능력 등도 동등하게 취급해야 한다고 주장하며 인간의 다양한 능력을 언어, 논리수학, 음악, 공간, 신체운동, 인간친화, 자기성찰, 자연친화 등 8가지 지능으로 나눈다.

이 8가지 지능은 각기 독립적이면서 함께 작용해 한 개인의 고유한 지적 능력을 형성한다. 각각의 지능이 그 자체로 장점이거나 단점이라기보다는 현실에서 자기 능력을 어떻게 활용하느냐에 따라 장점으로 극대화될 수도,

단점으로 드러날 수도 있다. 그래서 나는 고입이나 대입을 앞둔 학생이라면 다중지능 검사를 꼭 받아야 한다고 생각한다. 그래야만 자신의 잠재력을 알 수 있고, 그 잠재력을 바탕으로 진로를 결정할 수 있기 때문이다.

다중지능 검사는 또 자녀와 부모의 관계를 긍정적으로 만드는 데도 기여한다. 다중지능 검사를 통해 자녀의 강점과 약점을 객관적으로 파악한 부모는 자녀에 대한 이해의 폭을 넓힐 수 있기 때문이다. 온갖 교육을 다 시키면서도 결과가 좋지 않아 아이에게 재능이 없다고 포기하거나 게으르다고 여기던 부모의 태도도 바뀌게 되는 것이다.

피겨 여왕 김연아와 수영 신동 박태환의 다중지능 검사를 한 적이 있다. 두 사람은 세계적인 스포츠 스타답게 신체운동 지수가 가장 높게 나왔다. 100 가까이 나왔던 것으로 기억한다. 그런데 특이한 것은 신체운동 지수 못지않게 자기성찰과 인간친화 두 가지 항목에서도 높은 점수가 나왔다는 점이다. 이는 공부뿐 아니라 사회활동의 어느 분야에서든 가장 중요한 기본 지능이다.

자기성찰과 인간친화 항목의 점수가 높게 나왔다는 것은 두 선수의 부모가 인간적이고도 합리적인 교육으로 아이들을 키웠다는 것을 뜻한다. 이 두 항목은 부모가 강한 의지를 갖고 자녀의 장점을 발견하고, 또 오랜 시간 사랑으로 이끌어주면서 지원해야만 점수가 높게 나오기 때문이다. 타고난 신체능력을 가진 아이는 많을 것이다. 그러나 이 두 항목이 함께 높아야만 아이가 사회에 나왔을 때 자신의 분야에서 두각을 나타내며 성공할 가능성이 커진다.

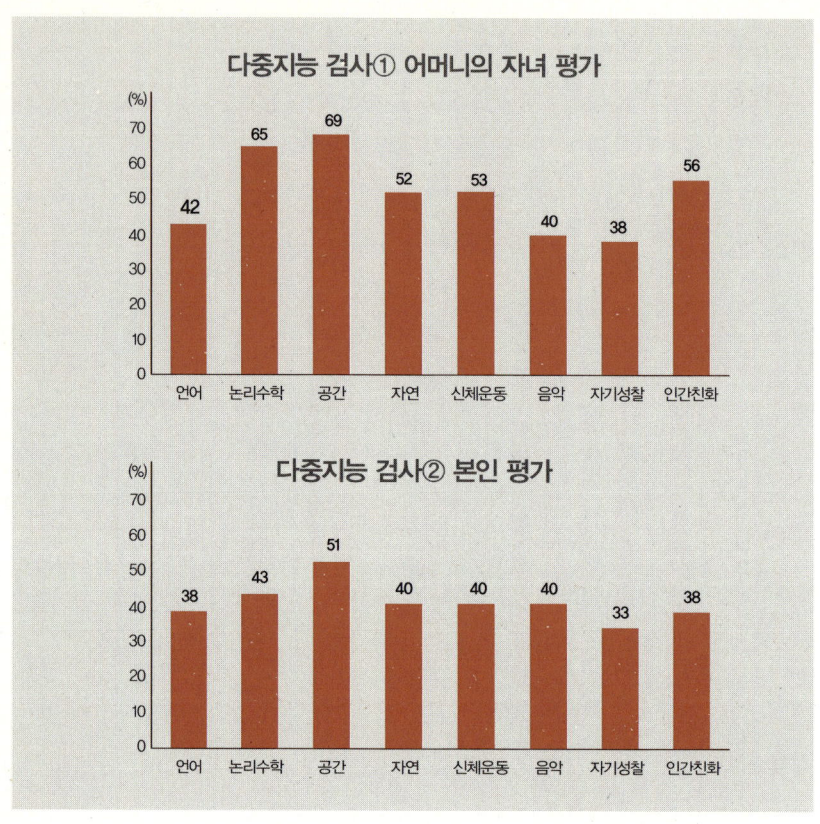

　근래에 다중지능 검사를 한 어느 아이를 보자. 엄마와 아이를 함께 검사한 수치에는 의미심장한 차이가 보인다. 엄마는 아이를 높게 평가했는데, 자녀는 스스로를 낮게 평가하고 있다. 왜 이런 결과가 나왔을까?
　이런 경우, 아이는 엄마의 바람과 집안 환경 등 여러 가지 압박에 눌려 있다고 봐야 한다. 아이는 엄마를 비롯한 주변 사람들에게 인정을 못 받고 있으며, 스스로 자기를 비하하고 있는 상황이다. 여기서 주목해야 할 것은 '자기성찰'과 '인간친화' 항목이다. 엄마와 아이는 이 두 항목에 대해 다음과 같이 평가했다.

구분	자기성찰	인간친화
엄마 평가	38	56
본인 평가	33	38

자기성찰과 인간친화 항목의 점수가 100의 절반인 50도 되지 않는다. 그나마 인간친화 항목에서 엄마가 50점이 넘는 56점을 주었을 뿐이다. 그리고 아이는 엄마가 부여한 점수에조차 못 미치는 아주 낮은 점수를 스스로에게 주고 있다. 이러한 결과는 엄마가 아이의 장점은 물론 잠재력과 가능성조차 거의 보고 있지 못함을 뜻한다. 그리고 아이는 엄마보다 더 자신의 가능성을 낮게 보고 있다. 이런 상태에서 엄마가 밀어붙이기 식으로 아이를 혹독하게 공부를 시키면 어떻게 될까? 또는 단지 성적이 좋다는 이유로 자기성찰과 인간친화를 무시하고 특목고나 외고에 보내면 어떻게 될까?

결과는 독자들의 예상대로다. 이런 아이들은 아무리 성적이 좋아도 절대로 특목고나 외고에 가면 안 된다. 이런 아이가 특목고에 들어가면, 입학하는 순간부터 피 말리는 경쟁 구도 속에서 힘겨운 전쟁을 벌여야 한다. 그러다 보면 성적이 떨어지는 것은 물론이고, 정신적으로 황폐해질 가능성도 있다.

지금은 국어, 영어, 수학만 잘하면 최고로 치던 시대가 아니다. 어느 분야건 자신의 소질과 적성을 살려 그 분야에서 두각을 나타내는 사람이 최고인 시대다. 입학사정관 제도 역시 그런 추세에 따라 생겨난 제도다.

그런 면에서 다중지능 검사는 아이들의 미래를 미리 점쳐볼 수 있는 효과적이면서도 전략적인 도구다. 다중지능 검사는 아이가 잘할 수 있는 것과 좋아하는 것을 객관적으로 보여주는 지표다. 특히 강점 지능을 집중적으로 발전시키면 한 분야의 '스페셜리스트'로 성장할 수 있다. 다중지능 검사를 효과적으로 활용하면 그 결과를 토대로 미래의 목표를 그려나가면서 꿈을 실현하기 위한 면밀한 계획을 세울 수 있다.

다중지능 검사의 8가지 지능은 따로따로 작용하는 것이 아니라 서로 영향을 주고받으며 협력한다. 그리고 인간친화, 자기성찰 지능을 비롯해 모든 지능이 비교적 고르게 나타나면 다양한 지능이 조화롭게 어우러져 있다고 할 수 있다. 어느 지능이 떨어지고 올라가고 하는 것은 사실 별 의미가 없을지도 모른다. 아이가 잘할 수 있는 어느 한 가지만 잘 나와도 그것으로 아이의 미래를 발견할 수 있을 테니 말이다.

또, 다중지능의 8가지 지능은 학습으로 얼마든지 올릴 수 있다. 언어, 논리수학, 음악, 공간, 신체운동 등의 지능은 학습으로도 끌어올릴 수 있다. 그러나 학습으로도 향상시킬 수 없는 것이 있다. 바로 인간친화와 자기성찰이다. 인간친화와 자기성찰은 학습할 수 있는 것이 아니라 정서적인 것이기 때문이다. 이러한 인간친화와 자기성찰은 결코 학습으로는 발전시킬 수 없기에 부모의 섬세한 관찰과 지도가 필요하다.

진로 탐색을 위한 다섯 가지 성숙 요인

　　진로에는 5가지 성숙 요인이 있다. 진로 정체감, 가족 일치도, 진로 준비도, 진로 합리성, 정보 습득률이 그것이다. 진로 정체감은 자기가 정한 진로에 얼마나 확신을 갖고 있는지를 나타낸다. 가족 일치도는 가족이 진로에 얼마나 동의하고 공감하는지를 나타낸다. 진로 준비도는 그 진로로 나가기 위해 얼마나 잘 준비하고 있는지를 나타낸다. 진로 합리성은 진로 선택과 관련해서 남의 의견을 얼마나 받아들이는가를 나타낸다. 정보 습득률은 진로로 나가기 위해 필요한 현실적이고 구체적인 정보를 얼마나 갖고 있는지를 나타낸다.

　　이 중 요즘 아이들에게 가장 부족한 것이 진로 준비도와 정보 습득률이다. 그리고 진로 정체감은 상대적으로 높기는 하나 막연한 자신감에 그치는 경우가 많다. 정확한 분석 없이 즉흥적인 느낌에 따라 진로를 정하기 때문에 자기 진로를 막연히 추종하고 있을 뿐, 진로로 나가기 위해 필요한 준비와 정보 습득을 못 하고 있다는 이야기다.

　진로 검사는 객관적인 평가가 시작되는 중학생 때부터 시작하는 게 좋다. 그 이유는 진로에 대한 성숙도 때문이다. 즉, 진로에 대한 정체성과 확신, 가족의 일체감, 다른 사람의 의견을 받아들이는 진로 합리성, 정보에 대한 습득이 중학생 때부터 형성되거나 이루어지기 때문이다. 쉽게 말해, 이 시기에 이르러 아이들이 자기 능력과 적성에 눈을 뜨며, 어느 정도 자기 가치관도 형성되는 것이다.

　진로에 대한 성숙도는 대체로 남자보다 여자들이 높다. 여자들은 진로를 선택할 때 상대적으로 내적 가치를 많이 보기 때문이다. 내적 가치란 자기 실현을 말한다. 그래서 여자들은 진로를 정할 때 자기가 좋아하면서 만족도가 높은 쪽으로 방향을 정한다.

　그러나 남자들은 외적 가치를 많이 본다. 외적 가치란 사회적 관심이나 경제적인 가치를 말한다. 이로 인해 남자들은 한번 직업을 선택해도 나중에 바꿀 확률이 여자보다 높다. 사회적 관심과 경제적인 가치가 계속해서 변하기 때문이다. 그러나 내적 가치를 추구하는 여자들은 직업을 한번 선택하고 나면 특별한 일이 없는 한 바꾸지 않는다.

　결혼 적령기에 다다른 한 여성이 있다고 치자. 외모도 빠지지 않고 직업도 괜찮다. 그런데 이 여성이 결혼할 생각을 하지 않는다. 성에 차는 남자가 없는 듯하다. 왜 그럴까? 개인적인 다른 이유는 없다고 본다면, 주변남자들 중에서 일과 꿈에 대해 생각이 맞는 사람을 아직 못 만났기 때문일 가능성이 크다.

인간의 욕구는 그 중요도에 따라 일련의 단계를 형성한다. 이를 이론적으로 설명한 것이 매슬로의 욕구 5단계설(Maslow's hierarchy of needs)이다. 매슬로의 욕구 5단계설은 하나의 욕구가 충족되면 다음 단계에 있는 다른 욕구가 나타나서 그 충족을 요구하는 식으로 체계를 이루고 있다. 그리고 가장 먼저 요구되는 욕구는 다음 단계에서 달성하려는 욕구보다 강하며, 그 욕구가 충분히 만족스럽게 충족되었을 때만 다음 단계의 욕구로 넘어간다. 매슬로의 욕구 단계는 다음과 같다.

★ 1단계 생리적 욕구

기아를 면하고 생명 유지하려는 욕구로서, 가장 기초적인 의식주에 대한 욕구부터 성적 욕구까지를 포함한다.

★ 2단계 안전 욕구

생리적 욕구가 충족된 후에 나타나는 욕구로서 위험, 위협, 박탈에서 자신을 보호하고 불안을 회피하고자 하는 욕구이다.

★ 3단계 사회적 욕구

인간의 사회적이고 사교적인 동료 의식을 조성하기 위한 욕구로서 애정, 귀속, 우정, 사랑 등을 포함한다.

★ **4단계 존경 욕구**

자신감, 성취감, 지식, 독립심과 같은 자기존중과 관련된 욕구이며, 타인에게 인정받고 존경받고자 하는 욕구이다. 존경 욕구가 충족되면 자신감, 권위, 권력, 통제 등이 생겨난다.

★ **5단계 자아실현 욕구**

계속적인 자기 발전을 위해 자신의 잠재력을 최대한으로 발휘하는 데 초점을 둔 욕구이다. 다른 욕구와는 달리 욕구가 충족될수록 더욱 증대하는 경향을 보여 '성장 욕구'라고 하기도 한다. 알고 이해하려는 인지적 욕구, 심미적 욕구 등이 여기에 포함된다.

남자들은 이 중에서 대개 1, 2단계에 머물러 있는 경우가 많다. 남자들이 이처럼 생리적인 욕구와 안정 욕구에 머물러 있는 반면, 여자들 중에는 비슷한 또래에 벌써 5단계인 자아실현을 추구하는 사람이 많다. 앞에서 예로 든 여성 역시 자아실현이라는 이상적 가치의 수준이 높아 그에 이르지 못한 남자들이 성에 차지 않는 것이다.

직업과 성공도 마찬가지다. 많은 학자들은 앞으로 사회에서 성공하는 남자들은 대개 여성성을 가진 남자일 것이라고 말한다. 주변을 살펴보면 실제로 이런 남성들이 성공하고 있고, 또 성공할 확률도 높다. 남성성을 가진 직업은 발전의 여지가 적기 때문이다.

남성성을 가진 직업은 독립적, 주장적, 이성적, 비판적, 이상적, 행위적, 도구적이다. 그래서 직업도 정형화, 표준화되어 있다. 그 반면에, 여성성을 가진 직업은 관계 지향적, 표현적, 애정적, 감성적이다. 이런 직업들은 근래에 한창 뜨고 있으며 앞으로도 대세를 이룰 것이다.

앞서 말했듯, 직업 선택은 진로에 대한 성숙도가 높고 낮으냐에 따라 달라진다. 초등학생기를 지나 중학생이 되면 본격적으로 진로를 탐구하고 검사를 받아야 한다. 서울시가 2011년부터 실시하는 창의적 체험 활동에서 가장 중요한 영역이 진로 탐색이다.

나는 교육 컨설팅을 할 때 진로 탐색 검사도 함께 실시하고 있다. 진로 탐색 검사는 진로 준비와 진로 계획을 목표로 한 진로 탐색에 도움을 주기 위해 만들었다. 이 검사는 올바른 진로를 탐색하는 것이 목적이므로 자신의 적성과 성격, 지식, 주위 환경, 흥미, 능력 등 많은 요소들을 고려해 신중하게 받아야 한다. 그리고 검사를 받으면 자신의 진로를 탐색하는 데 필요한 정보들을 제공하는데, 올바른 해석을 위해서는 진로 상담 전문가의 도움을 받아야 한다.

잘할 수 있는 건 따로 있다
(진로 유형 6가지)

진로는 현장형, 탐구형, 예술형, 사회형, 진취형, 사무형 등 6가지를 놓고 선택하게 된다.

현장형

현장에서 몸으로 부대끼는 활동을 좋아하며, 동물이나 도구 혹은 기계를 가지고 일하는 것을 좋아한다. 도구나 기계 장비를 가지고, 혹은 식물과 동물을 대상으로 일하는 데 좋은 기술을 가지고 있으며, 그런 것들처럼 자신이 볼 수 있고, 만질 수 있고, 사용할 수 있는 실제적인 것들을 믿는다. 또, 그것들을 가치 있게 생각한다.

이들은 자신을 실제적이고 기계를 잘 다루는 현실적인 사람이라고 생각한다. 신체 활동을 주로 하는 직업, 즉 몸으로 일하는 군인, 경찰관, 운동 선수, 간호사, 스튜어디스 등이 현장형 직업에 속한다.

진로 흥미 주요 키워드

현장형	탐구형	예술형	사회형	진취형	사무형
산만함	좌뇌	우뇌	인간성	아이 강함	엄마 강함
신체 활동	순차적사고	공간지각력	직관	능동적	수동적
행동형	수학/과학	창의력	배려	독불장군	규범/모범
만족도↓	논리적	확산적 사고	눈치 발달	뻥쟁이	완벽주의
	전문직	직관/감성	이상형	고집 셈	자존심 강함
	수리력			자신감	성실성
	수렴적 사고			다재다능	학습동기
				어휘력	행동 억제
				실행력	만족도↑
				행동/활성	

성격 및 가치관

- 감정적으로 안정적이고 신뢰감을 준다.
- 실제적이고 검소하며 꾸준하다.
- 수줍고 겸손하다.
- 관심의 대상이 되는 것을 원치 않는다.
- 자신을 표현하는 것이 어색하다.
- 신체적 위험을 감수한다.
- 가치관이 보수적이다.
- 급진적인 변화를 받아들이는 것이 매우 느리다.

탐구형

과학자 직업을 가진 지적인 사람들은 대부분이 이 유형이다. 탐구형은 사람보다는 아이디어를 강조하고, 추상적인 지능을 소유한다. 탐구형 성향이 강한 사람은 수학 또는 과학 문제를 푸는 것을 좋아하며, 그러한 문제를 이해하고 푸는 것에 익숙하다.

이들은 자신을 정확하고, 과학적이고, 지적이라고 여긴다. 호기심이 강하며, 그 호기심을 풀기 위해 골똘히 생각하고, 원인과 결과를 분석해내는 성향을 지니고 있다. 탐구형은 전문직으로 진로를 선택할 가능성이 매우 크다. 수학을 잘하거나 공부를 잘하는 아이들은 대부분 탐구형이다. 분석하고 연구하고 개발하는 것을 좋아하는데, 상대적으로 이과생에서 이런 유형이 높게 나타난다.

성격 및 가치관

- 독립적이며 스스로 알아서 한다.
- 수줍고 내성적이다.
- 분석적이고 호기심이 많다.
- 일중독이라고 할 만큼 일 중심이다.
- 학구적이고 지적인 능력에 대한 확신이 크다.
- 독창적이고 창조적이다.
- 비순응적 가치관과 태도를 지닌다.

예술형

　창의적이고 독창적인 유형으로, 틀에 박힌 것을 깨부수는 유형이다. 창의성을 지향하며, 아이디어와 재료를 사용해 자신을 새로운 방식으로 표현하는 것을 좋아한다.

　예술형 성향이 강한 사람은 미술, 드라마, 공예, 춤, 음악, 글쓰기 같은 창조적인 활동을 좋아하며, 이 방면에서 뛰어난 예술적인 능력을 발휘한다. 이들은 자신을 표현적이고, 독자적이며, 독립적인 사람이라고 생각한다. 그래서 순서가 정해져 있는 일이나 반복적인 활동을 피하는 경향이 있다.

성격 및 가치관
- 독립적이고 비순응적이다.
- 충동적이며 표현적이다.
- 낭만적이고 자유로운 정신을 가진다.
- 직관적이며 복잡하다.
- 민감하고 정서적이다.
- 아름다움이나 미학적인 것에 끌린다.

사회형

　다른 사람과 더불어 사는 유형으로, 사람들과 함께 일하는 것을 지향한다. 기본적으로 자선가 타입이다. 이들은 다른 사람을 육성하고 계발하는 것을 좋아한다. 이익이 적더라도 도움이 필요한 사람을 돕는 일을 하며, 남을 가르치거나 돕는 것을 좋아하고 즐긴다. 또, 그와 같은 일에 익숙하고, 자신을 친근하게 의지할 수 있으며 도움을 주는 사람이라고 믿는다.

성격 및 가치관
- 인간적이고 이상적이다.
- 윤리적이고 책임감이 강하다.
- 재빠르고 협조적이다.
- 친절하고 관대하다.
- 이해심이 많고 통찰력이 있다.
- 친구처럼 정답고 쾌활하다.
- 타인의 복지에 관심을 기울인다.

진취형

앞에서 끌고 가는 리더형이다. 사람들을 이끌고 설득하며, 사물과 아이디어를 파는 것을 좋아한다. 또, 그런 방면에 소질이 있다. 이들은 정치, 리더십, 비즈니스 방면에서 성공하는 데 가치를 둔다. 자기 자신을 정력적, 의욕적, 사교적인 사람이라 생각하며, 물질이나 아이디어보다는 사람에게 관심을 기울인다. 진취형 기질이 강한 사람은 다른 사람을 도와주고 육성하기보다는 특정 목표를 달성하기 위해 타인을 통제하고 지배하는 데 관심이 있다.

성격 및 가치관

- 지위에 관심을 갖는다.
- 야망이 있고 경쟁적이다.
- 사회적이고 말을 잘한다.
- 재치 있고 논쟁을 잘한다.
- 공격적이다.
- 모험심이 있고, 위험한 일을 감행한다.
- 낙천적이고 열정적이며 인기가 많다.
- 돈이나 권력, 물질적 소유에 매료된다.

사무형

반복적인 일상에서 관리하고 체계적으로 끌고 나가는 유형이다. 일반적으로 잘 짜인 구조에서 일을 잘하며 숫자, 기록, 기계를 다루는 일을 좋아한다. 그리고 자신이 현재 하고 있는 일을 잘 해내는 것에 큰 가치를 둔다.

이들은 자신이 잘 정돈되어 있고 계획에 따르는 것에 익숙한 사람이라고 생각한다. 따라서, 이들은 애매하고 비구조적인 활동이나 일들은 피하는 경향이 있다.

성격 및 가치관

- 양심적이며 참을성이 있다.
- 실용적이다.

- 자제하는 편이며 보수적이다.
- 규칙적이고 체계적이다.
- 정확하다.
- 조심성 있고 통제적이다.
- 돈과 물건 소유에 조심성을 보인다.

   이러한 유형들은 엄마와 선생님의 교육에 따라 달라진다. 즉, 가르치는 사람에 따라 얼마든지 달라질 수 있다는 이야기다. 엄마가 아이보다 유형이 강하면 아이들은 대체로 사무형이 되기 쉽다. 이런 유형의 특성은 수리력과 어휘력은 좋은데 공간지각력은 떨어진다. 한마디로 얌전한 모범생 타입이라고 할 수 있다.
   반면에, 아이가 엄마보다 유형이 강하면 진취형이 되기 쉽다. 이런 아이들은 매사에 자신감이 넘친다. 단점은 허풍을 잘 떠는 것인데, 그것도 매우 허황된 허풍이다. 따라서, 진취형에게는 반드시 적절한 학습이 필요하다. 안 그러면 허황된 자신감만 갖게 된다.
   그러나 가장 이상적인 유형은 성공 확률이 높은 진취형이고, 그 다음이 사회형이며, 탐구형, 예술형, 사무형, 현장형 순이다. 진취형과 사무형을 함께 갖추면 일에 대한 자신감과 성실성이 높아진다.
   유형을 정하고 진로를 정할 때는 검사를 하여 나온 것이라 해도 그 자체로는 의미가 없다. 아이의 특성과 기질, 성격, 엄마의 좌우뇌 기능 등 학습 상황을 둘러싼 전반적인 관계를 고려해야 한다.

어느 고등학교를 갈 것인가

우리나라 고등학교는 설립 목적과 고등학교 2, 3학년 때 교육과정을 어떻게 운영하는지에 따라 크게 일반고와 특성화고로 나눈다. 각 학교들의 설립 목적과 그에 따른 입시 준비 요령을 간략히 알아보자.

일반고는 중학교 교육의 기초 위에서 일반적인 중등교육을 실시하는 학교로서 2010년 6월 현재 전국에 1300여 개 학교가 있어 가장 많은 수를 차지하고, 이 밖에 특수목적고, 특성화고, 자율고 등이 모두 1000개 가까이 설립돼 있다.

특수목적고에는 과학 인재 양성을 위한 과학고, 외국어에 능숙한 인재 및 국제 전문 인재를 양성하는 외국어고(국제고), 예술인 및 체육인을 양성하는 예술고와 체육고, 전문적인 직업교육을 위한 맞춤형 교육과정을 운영하는 마이스터고 등이 있다.

특성화고는 크게 특성(직업)과 체험(대안) 두 가지 방향에 따라 학교의 교

고등학교의 종류

구분	선발 시기	선발 방법
자율형 사립고 (하나고/민사고 등)	전기	• 서류전형 • 면접 • 민사고는 정원 50% 입학사정관제로 선발
자율형 사립고	전기	• 내신 상위50% 안에서 추첨 • 자기주도학습전형
자율형 공립고	후기보다 우선	• 선 지원 후 추첨 • 1단계: 소재자치구 내 50%추첨배정 • 2단계: 타 자치구 50% 추첨배정
개방형 자율고	후기	• 선 지원 후 추첨
과학고	전기	• 내신 • 자기주도학습 전형 30% • 과학창의성 전형(캠프) 70%
과학영재고	전기	• 학생 기록물 평가 • 영재성 및 사고력 평가 • 창의적 문제 해결력 평가 • 과학캠프
국제고	전기	• 영어내신성적+출결 • 면접(지원동기, 학습계획, 봉사·체험활동, 독서활동)
외국어고	전기	• 영어내신성적+출결 • 면접(자기주도학습 및 계획+자기주도학습전형, 봉사·체험, 독서)
예술고 / 체육고	전기	• 내신점수 • 실기점수
마이스터고	전기	• 내신, 적성검사, 면접 등
특성화고	전기	• 특별전형 • 일반전형
과학중점학교	전기	• 1단계: 일반 학교군내 50% • 2단계: 타 학교군 50%
예술·체육중점학교	전기	• 내신점수(관련교과성적+비교과 성적)

육과정이 달라지는데, 특성 분야는 학생의 소질과 적성 및 능력이 비슷한 학생을 대상으로 특정 분야의 인재를 양성하고, 체험 분야는 자연현장 실습 등 체험 위주의 교육을 실시한다.

자율고는 자율형 사립고와 자율형 공립고로 나눈다. 자율형 사립고는 학교별로 다양한 교육을 실시하도록 교육의 자율성을 부여하고, 공립고는 교육과정과 학사 운영의 자율성을 바탕으로 기본적인 전인교육을 구현하도록 되어 있다. 앞으로 특목고와 자율형 사립고 등 특성화 고등학교는 다음과 같은 입학제도로 운영될 예정이다.

가. 입학사정관에 의한 '자기주도학습 전형' 도입

- 자기주도학습 결과와 학습 잠재력을 기준으로 입학사정관이 학생을 평가해 전형
- 지원자 전원을 대상으로 적용하되, 정원의 20퍼센트 이상을 사회적 배려 대상자로 선발
- 학교생활기록부, 학습계획서, 학교장 추천서를 전형 요소로 함
- 입학전형위원회에서 서류와 면접을 활용해 심사
- 외고, 국제고에 적용하고 자율학교 등으로 확대

나. 사교육을 유발하는 입학전형 요소 배제

- 학교별 필기고사 및 변형된 형태의 필기고사 실시 금지
- 특목고, 자사고, 국제중, 자율학교 등 전·편입제도 개선

이 밖에 고입 전형 일정 및 시기도 조정될 예정이다. 현재는 고입 전형 일정이 시·도별로 한 달 이상 차이가 나서 학생들의 실질적 선택권이 제한받고 있다. 이에 앞으로는 시·도별 고입 전·후기 전형 일정을 같은 시기로 조정하고 2011학년도 입시부터 적용해 전국적으로 시행할 예정이다.

전·후기 학교 구분 역시 당장은 아니지만 중장기적으로 검토할 예정이다. 현재는 학교 유형별로 전문계고·특목고 등은 전기, 일반계고는 후기로 구분하고, 학생은 전·후기 각각 1개교씩 선택하도록 규정되어 있다. 그러나 앞으로는 전·후기 학교 구분을 가·나·다 학교군으로 재편해, 학생들의 학교 선택 기회를 실질적으로 확대할 것이다.

특성화고 입학을 목표로 하는 학생이라면 진학하려는 학교에 맞는 입시 전형을 숙지하고 그에 맞춰 미리 준비해두어야 한다. 자기주도학습 전형, 과학 창의성 전형, 입학사정관 전형 등에 대해 간단히 알아본다.

자기주도학습 전형이란?

자기주도학습 전형은 학생의 자기주도학습 결과와 학습 잠재력을 기준으로 입학사정관으로 구성된 입학전형위원회에서 창의적이고 잠재력 있는 학생을 선발하는 전형으로, 그 절차와 면접 내용은 다음과 같다.

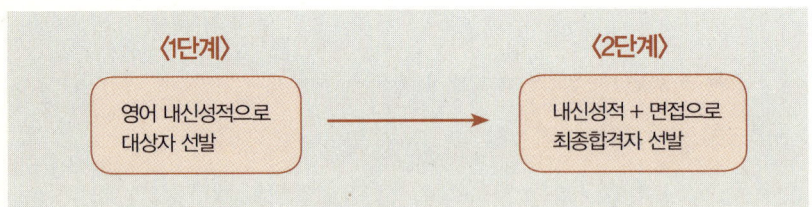

★ 자기주도학습 전형 중 면접 내용

- 자기주도학습 및 계획(학습계획서, 추천서, 학생부)

  전공 의지: 전공 외국어에 관심을 가진 계기와 준비

  자기주도학습 과정: 자기주도학습의 과정

  학습 및 진로 계획: 진학 이후 학습 계획 및 졸업 후 진로 계획

- 봉사·체험 활동(학습계획서, 추천서, 학생부)

  학기 중, 방학 중 봉사·체험 활동 결과

  봉사·체험 활동을 통해 느낀 점과 받은 영향

- 독서 활동(학습계획서, 추천서, 학생부)

  중학교 동안의 교과·진로·교양관련 독서 결과

  독서를 통해 느낀 점과 받은 영향

입학사정관 준비 방법	학습계획서
• 학교생활기록부 • 자기소개서 (성장 과정/ 지원 동기) • 진로 계획 • 추천서 • 독서감상문 • 스펙 • 포트폴리오 • 구술면접	• 구체적인 본인의 공부 습관 부각-평소 자기만의 공부 방법 • 좋아하는 과목/ 왜 좋아하는지 구체적으로 기록 • 어떤 책으로 공부했는지 좋아하는 단원까지 명시 • 싫어하는 과목을 극복한 구체적인 성과 과정

과학고의 과학창의성 전형이란?

과학창의성 전형은 실험·탐구 수행, 과제 발표, 학생 주도형 면접, 그룹 토의 등을 실시하는 과학캠프를 통해 학생들의 창의성과 문제 발견·해결 능력 등을 측정해 선발하는 전형이다.

과학고의 과학창의성 전형이란?

과학창의성 전형은 실험·탐구 수행, 과제 발표, 학생 주도형 면접, 그룹 토의 등을 실시하는 과학캠프를 통해 학생들의 창의성과 문제 발견·해결능력 등을 측정해 선발하는 전형이다.

입학사정관 전형이란?

입학사정관 전형은 성적순에 따라 획일적으로 학생을 선발하는 게 아니라 전공과 관련된 분야의 창의성, 잠재력과 흥미, 관심도 등을 종합해 선발하는 전형으로, 그 평가 요소와 평가 기준은 다음과 같다.

입학사정관 전형의 평가 요소 및 평가 기준 모형(예시)

평가 요소	평가 기준
〈교과 관련 요소〉 • 교과 성적 • 학년별 성적 추이 • 학업 관련 탐구 활동 • 교과 관련 교내 수상 실적 • 방과후학교 활동 등	학업 의지 및 전공 적합성
〈창의적 체험 활동〉 • 독서 활동 • 자격증 및 인증 • 진로 탐색·체험 활동 • 동아리 활동 • 봉사 활동 • 방과후학교 활동 등	창의성 인성
〈학교생활 충실도, 인·적성〉 • 공동체 의식 • 리더십 • 학업 의지 • 특별활동 • 출결 상황 • 교사의 평가 • 교우관계 등	학업 성취도
〈학습 환경〉 • 가정환경 • 학교 여건 • 지역의 교육 여건	성장 잠재력 및 발전 가능성

자아실현에는 모범답안이 없다

얼마 전에 인터넷에서 흥미로운 기사 하나를 보았다. 30대 중반의 부부가 직장을 그만두고 재산도 다 정리하고는 세계일주 여행을 떠났다는 기사였다. 이들은 다섯 살밖에 안 된 아이까지 동반해 벌써 몇 년째 세계 100여 나라를 돌아다니다가 아이가 학교 들어갈 나이가 되자 남미 어느 나라에서 민박을 운영하며 잠시 정착 중이라고 한다.

기사에서는 맞벌이 부부였던 두 사람이 처음에 세계일주를 결심할 때의 설렘과 부모의 반대, 세계 곳곳에서 만난 국제적 인연들과 다양한 문화 체험들을 자세히 소개하고 있었다. 이 부부는 언젠가는 돌아올 것이므로 귀국했을 때 어떻게 살지 장래 문제에 대한 일말의 불안감이 있기는 하나, 지금은 생애 그 어느 때보다 행복하다고 했다. 기사 내용에서 가장 인상적이었던 것은 어린 나이에 세계 곳곳을 체험하면서 활발하고 적극적인 성격으로 커가는 아이의 모습이었다.

사람들의 반응이 궁금해 댓글을 훑어보았더니 "용기 있다", "부럽다", "나도 똑같은 꿈을 가졌는데 지금은 휴우……" 하는 등의 감탄이 대부분이었다. 나 역시 비슷한 감정이었다. 아름답고 건강한, 무엇보다 자기들 삶의 빛깔을 스스로 선택한 용기 있는 부부라는 생각이 들었다.

그런데 기사에서 나에게 가장 다가오는 구절은 따로 있었다. 기사 말미에, 부부는 자신들의 삶이 정답은 아니라고 여러 번 강조하고 있었다. 누가 떠나고 싶어한다고 해서 자신들처럼 훌훌 떠날 것을 부추길 생각도 없다고 했다. 어느 누구도 삶의 정답을 알 수는 없기 때문이라고 하면서. 그 부분을 읽고 나자 부부가 또 한 번 새롭게 보였다. 감상적인 낭만으로 돌아다니는 사람들이 아니었다. 가치관이 이렇게 분명하니까 저렇듯 가볍게 떠날 수 있었겠구나 하는 생각이 들었다. 용기를 갖고 지금 당장 모든 걸 버리라거나, 자기들이 세상에서 가장 훌륭한 선택을 한 것처럼 말했다면 나는 기사를 읽다 말았을 것이다.

그들의 말처럼 삶에 정답이란 없다. 사람들마다 각기 주어진 환경이 다르고, 집안이나 사회에서 요구하는 역할도 다르다. 나에게 행복한 일이 남들에겐 갑갑해 보일 수 있고, 참 심심하게 산다고 생각되는 사람이 누구보다 만족하고 편안하게 지내고 있을 수도 있다. 중요한 것은 지금 살고 있는 삶이 스스로 선택한 것인지, 자신의 삶에 어떤 의미와 가치를 두고 있는지이다.

기질이 다르고 환경이 다르고 능력도 다른 사람들이 모두 똑같은 일을 하고 있을 수는 없다. 설사 자기 직업이 마음에 안 들더라도 '마음에 안 드는' 그 일을 하고 있는 자신이 스스로 대견할 수도 있다. 인생의 꿈이나 목적만 확실하다면 몇십 년을 전혀 마음에 안 드는 일을 하며 살 수도 있는 일이다. 자기 나름대로 그 일에 걸고 있는 의미만 확실하다면 말이다.

이 책은 자기주도학습을 유도하기 위한 책이다. 자기주도학습은 '스스로 공부를 주도할 때 공부가 재미있어지고 성적도 쉽게 오른다'는 원리에서 출발한다. 한마디로, 좋은 성적을 얻고 싶어하는 학생들에게 하나의 학습 전략으로 제시하는 것이다.

그런데 이 자기주도학습은 기존의 다른 학습 전략과 확연히 다른 점이 하나 있다. 공부하는 주체를 분명히 하고, 왜 공부하는지 그 이유도 스스로 알게 하는 것이다. 목표는 분명 성적이요 좋은 대학이지만, 거기에 이르는 최상의 방법으로 제시하는 건 자기주도라는 합리적 철학이다. 그리하여 자기주도학습은 결과보다는 과정을 중시한다. 올바른 과정이 최상의 결과로 돌아온다는 믿음에 근거하는 것이다.

그렇게 보면 자기주도학습의 최종 목표는 결국 자아실현이다. 학습 계획을 여행 계획처럼 짤 수 있는 아이, 그렇게 스스로 의미를 두며 즐겁게 공부하는 아이는 공부뿐 아니라 일상의 모든 것에서 자기주도가 몸에 익는다. 그런 가운데 인생의 목표도 자기 안에서 나오고 자기 안에서 성숙한다.

그렇게 자란 아이는 장래에 무엇을 하고 있든 행복할 것이다. 스스로 선택했고 스스로 가치를 부여한 일을 하고 있을 테니까. **자아실현에 모범답안이란 없다.** 유일한 기준이 있다면, 자신의 능력과 적성을 스스로 분명하게 인식하는지, 자기가 하고 싶은 일이 무엇인지 알고 있느냐다. 이 물음에

"네"라고 대답할 수 있는 아이는 그렇게 대답하는 순간 벌써 행복하다. 그 아이는 이미 자아실현을 해가고 있는 것이므로!

추천의 글

내 아이를 잘 아는 부모가
자녀를 제대로 키운다

　전 세계적으로 우리나라 부모들만큼 자녀에 대해 열성적인 부모들도 드물다. 반면에 자녀에게 쏟는 부모의 애정과 열성만큼 자녀들의 성취가 부모의 기대에 못미쳐 실망하는 부모들도 많다. 상담현장에서 만나는 자녀와 부모들을 보면, 부모의 열성이 지나쳐 집착이 되고 자녀에 대한 기대가 큰 만큼 실망이 커지고, 실망이 분노가 되어 부모, 자녀 사이를 어렵게 만드는 경우를 많이 본다.

　자녀에 대한 애정과 열성이 집착이 되지 않기 위해서는 부모가 자녀를 제대로 아는 것이 중요하다. 사람은 저마다 다른 재능을 가지고 태어난다. 자녀를 잘 키우는 부모들의 특징을 보면 일찍부터 자녀의 특징을 파악하고, 그에 맞는 학습환경이나 교육기회를 제공하는 부모이다.

　그런데 많은 부모들이 자녀를 제대로 이해하기 보다는 소위 남들이 말하는 공부 잘하는 방법을 무비판적으로 따라하거나, 부모 생각에 좋은 방법을 자녀들에게 무작정 강요하고 있다. 그 결과 자녀의 동기나 의욕이 저하되어 부모가 하라는 대로 끌려가는 소극적인 태도가 형성되고 더 나아가 부모에게 반항적이 되어 자녀가 가진 재능을 충분히 못살리는 안타까운 일들을 일어난다.

  이 책은 내 자녀가 어떤 심리적 유형을 지녔으며, 그에 따른 특징과 장점, 보완·개발해야 할 부분을 이해하는데 도움을 준다. 부모가 아이를 제대로 아는 것이 중요한 만큼, 부모도 자신을 정확히 아는 것이 중요하다. 부모가 아이와 부모 자신의 심리적 특성을 이해함으로써 어떻게 부모가 자녀의 조력자가 될 수 있을지 구체적인 방법에 대한 도움을 얻을 수 있다. 어려서부터 부모로부터 정서적인 지지를 받고 자란 자녀들은 자존감이 높고 안정적이며, 이러한 정서적 특성이 학습효과에 미치는 영향력은 매우 크다.

  이 책을 통해 자녀에 대한 부모의 애정과 열성이 자녀의 잠재력을 키우는 소중한 원동력이 되기를 희망한다.

박남숙
이레심리상담연구소 소장, 전 한국외대 상담교수

추천의 글

진로에 대한 색다른 시각, 최근 교육지원 활동과 맥 닿아

하루가 다르게 변화하는 세계 무대 속에서 우리는 삶의 질적 변화를 요구하는 시대에 살고 있다. 사회 각 분야에서 올바른 인성을 바탕으로 창의성을 발휘하는 새로운 인재를 필요로 하고 있다.

이러한 시대적 요청으로 2009 개정 교육과정에서 '창의적 체험활동'이 새로운 영역의 학교 교육과정으로 마련되었고, 모든 초·중·고등학교에서 2011년도부터 '창의적 체험활동'의 다양한 프로그램을 운영하게 되었다. 이제는 학교 교육이 단순 암기와 정답 찾기 교육에서 벗어나 학생들이 주체적으로 새로운 의미와 다양성을 찾아가는 체험 중심의 학습으로 변화할 것이다.

이 책에서 주장하는 바, 정서-심리, 인지능력 등 학생 개인 특성에 맞춘 맞춤형 학습지원이 필요하다는 내용은 인성 및 진로교육의 내실화를 꾀하려는 최근의 교육지원 활동과 맥이 닿아 있다 할 수 있다. 학생들이 각 개인의 특성에 맞게 학습하는 재미를 알아가고, 바람직한 학습습관을 형성하며, 학습능력을 향상해 가는 것이 무엇보다 중요하기 때문이다.

또한 학생들의 진로의식 성숙에 대해, 이 책은 색다른 시각을 보여준다. 진로 선택과 결정의 문제에 있어서 뇌와 정서-심리, 학습능력, 부모와의 관계 등 주변 환경의 제반 요인들을 함께 검토해야 함을 강조하고 있다. 학부모들이 미처 몰랐던 자녀의 문제점과 가능성을 함께 발견할 수 있도록 안내하고 있으며, 학교 현장의 진로활동 교육에도 참고할 만한 내용이라 할 수 있다.

학교 현장은 이제 교과 지식 중심의 공부만을 위한 교육이 아니라 배려와 협동의 공동체로서 학생, 학부모, 교원 모두가 활발하게 소통하며 꿈을 키워가는 학습의 장으로 변모할 것이다. 이 책에서 언급하는 인성-학습-진로 등에 대한 해석 및 관점이 교육 수요자 모두에게 의미 있게 활용될 것으로 기대한다.

임유원
서울시특별시교육연구정보원 교육연구사

추천의 글

자기주도의 큰 흐름에 따른 맞춤 학습법

"어떻게 하면 내 아이가 공부를 잘할까?"
"어떻게 하면 내 아이가 스스로 공부하게 할 수 있을까?"
"어떻게 하면 내 아이에게 맞는 진로와 적성을 찾아줄 수 있을까?"

위의 질문들은 초중고생 자녀를 둔 대부분의 학부모들이 궁금해하는 질문들이다. 그에 대한 답이 이 책에 오롯이 담겨 있다. 이 책은 우리가 흔히 말하는 자기주도학습을 다면적으로 파악해내고 있다. 뇌와 정서심리, 인지능력, 학습습관, 진로적성을 관통하는 맥을 짚어주는 것이 자기주도학습에 이르는 지름길이라는 점을 강조하고 있다.

본문에도 나오지만 "지능지수가 높다고 공부를 잘하는 것은 아니다", "학습능력에서는 야누스와 같은 공간지각력이 중요하다", "공간지각력 수준이 높으면 수학, 낮으면 언어가 중요하다"라는 인식은 소중한 발견이다. 공간지각력의 재해석이라 할 만하다. 학습능력의 요소 중에서 공간지각력과 어휘력-수리력의 상대적 높낮이에 따른 학습능력의 해석은 눈여겨볼 만한 대목이다. 학습능력을 바라보는 새로운 분석틀 하나를 얻었다는 반가운 마음이다.

통상 뇌를 좌뇌-우뇌로 나누어 설명하던 기존의 틀을 깨고 완전우뇌형, 강한 우뇌형, 이과성 우뇌형, 좌뇌형으로 나누고 유형별로 자녀양육 방향을 제시한 것도 참신한 시각으로서, 적절한 분류라고 여겨진다.

이 책의 백미는 자기주도학습 요소의 일관성 있는 맥락에 따른 결과해석이다. 이 책의 흐름은 '뇌기능－정서－인지능력－학습습관－진로'로 자기주도학습을 관통하고 있다. 이러한 큰 흐름에 따라 정확한 솔루션을 내놓는 것은 지금까지 진로 검사들이 개별적 검사결과에 따른 제한적 해석에 그쳤다는 아쉬움을 일거에 해결해준다. 진로를 결정해야 하는 학생이나 학부모들에게 이러한 시각은 유용한 도구가 될 것이다.

이 책에는 저자의 인생과 삶에 밴 자기주도학습에 대한 열정과 실전적 경험이 온전히 녹아 있다. 아무쪼록 이 책이 자기주도학습에 관심이 있는 모든 학부모들과 교육 관련 종사자들에게 많은 사랑을 받기를 희망한다.

전병우
(주) 대교 경인사업본부 본부장

부록 자기주도학습 종합컨설팅 사례

내 몸에 맞는 공부법, 공부가 재미있다

강상호(가명) 군은 중학교 입학을 앞둔 초등학교 6학년생이다. 아버지는 중학교 선생님으로 교육계에 평생 종사한 분이고, 어머니 역시 직종은 다르지만 전문직으로 직장생활을 오래 해 온 분이었다. 학식과 교양이 있으면서 자녀 교육에도 평균 이상의 관심을 가지고 있는 전형적인 중류층 부모이다.

부모와 함께 첫 미팅을 가졌을 때 강상호 군에게서 느낀 인상은 지나치게 주눅 들어 있다는 점이었다. 교육상담을 받으러 오는 아이들 대부분이 약간 긴장하기는 한다. 무언가 대책이 필요하다고 느낀 부모에 의해 따라온 입장이기 때문이다. 별 문제 없이 단순히 성적을 더 올리기 위한 상담을 받으러 온 경우라도, 과연 자기를 어떻게 평가하고 어떤 말이 나올지 조심스러워하게 마련이다.

그런데 강상호 군은 통상적인 경우 이상으로 기가 죽어 있었다. 마치 잘못을 저지르고 교무실로 불려온 듯, 꾸지람을 각오한 상태로 적당히 체념하고 있는 모습이었다. 그러는 한편 멘토솔루션의 검사 시스템에 대해서는 강한 호기심을 보였다. 각종 검사의 목적에 대해 진지하게 귀 기울였고, 카탈로그나 벽에 붙어 있는 안내문 하나에도 관심을 가졌다.

우리는 아이를 상대로 기질 및 성격 검사, 학습능력검사, 학습습관검사, 학습유형검사, 다중지능검사, 진로탐색검사 등 6가지 검사에 이어 뇌기능 분석까지 실시하였다. 검사 결과 가장 눈에 띄는 건 136이라는 높은 지능지수였다. 아이큐가 136이라면 상위 2%에 해당한다. 뿐만 아니라 추리력, 수리력, 공간지각력이 모두 우수하게 나왔다. 이른바 과학고형 아이였다. MBTI 검사로 나온 아이의 성격유형 또한 ENTP형으로 탐구적인 발명가에 해당하는 유형이어서 과학고 학생으로 딱 맞다고 할 수 있었다.

반면 어휘력은 수리력 등 다른 학습 능력에 비하면 현저히 떨어졌다. 어휘력은 읽기능력, 글을 쓰거나 말을 할 때 어휘 산출 능력 및 어휘 사용의 다양한 학습 상태를 짐작할 수 있었다. 일상생활에서든 학교공부에서든 자기 의견을 말하거나 질문을 하는 데에 익숙하지 않으며, 독서가 부족하며 깊이 있는 사고와 통합적인 사고를 해온 적도 드물다는 것이다.

학습활동검사에서도 이를 뒷받침하는 결과가 나왔다. 아이가 지닌 우수한 학습능력에 비하면 실행력이나 학습동기가 아주 낮았다. 자신이 하고자 하는 일에 계획을 세우고 실천으로 옮기는 실행력이 많이 부족하고, 그 전에 우선 왜 그것을 해야 하는지에 대한 동기부여 자체가 되어 있지 않다는 이야기다. 또한 머릿속으로는 해야한다는 의식은 강하나 습관화되지 않아 행동이 따라주지 않았다.

검사 후 상담을 하며 강상호 군의 환경을 들여다보니 아이는 주로 아버지와 많은 시간을 보내고 있었다. 아버지가 학교 선생님이다 보니 5~6시면 퇴근하여 일반 직장인인 어머니보다 아버지와 보내는 시간이 더 많았다.

그런데 아버지 성격유형이 ISTJ형으로 완벽하고 꼼꼼한 스타일이었다. 게다가 학교 교감 선생님이라 '내 자식도 저랬으면' 싶은, 공부도 잘하면서 매사 규범적인 모범생들을 많이 보아왔다. 그러다보니 아이에게 주문하는 것이 많았고, 아주 억압적이진 않아도 지시와 훈계로 아이를 지도하는 타입이었다.

한 마디로 아이가 아버지에게 주눅 들어 온 것이다. 아버지에게 자기감정과 생각을 정확히 말하지 못했고, 아버지는 말이나 행동이 명확하지 못할 때마다 지적하면서 아이가 매사 건성으로 반응한다고 못마땅해 했다. 강상호 군은 지적 호기심은 많지만 너무 체계적이거나 틀에 얽매이는 것은 못 견뎌하는 성격이었다. 그런데 매일 접하는 아버지가 권위주의적 지시형이다 보니 본래의 진취성도 발휘 못하고 스트레스를 받으며 산만하면서 집중력 없는 아이가 돼 가는 것이었다.

아이의 학습유형검사 결과에서도 이런 외부적 요인이 끼친 영향을 확인할 수 있었다. 강상호 군의 학습 성격 유형은 '행동-탐구형'으로 나왔다. 이런 유형은 팀워크가 요구되는 일보다 혼자서 하는 일을 선호하며, 관심 가는 것이 생기면 2박3일이라도 강행하는 특성이 있다. 그리고 학습적 측면에서는 매우 적응을 잘하거나 못하는 극단적인 특성을 나타낸다.

이런 아이에게는 주변의 긍정적인 지원과 배려가 중요하다. 아이를 믿어주고 자율적인 의지를 키워주는 게 중요하다는 말이다. 왜냐하면, 자기가 관심 가는 것과 학습이 일치하면 집중적으로 탐구하지만, 학교 공부에 재미를 못 느끼면 학교 자체를 싫어하며 매사 방관자적인 태도로 나갈 수 있기 때문이다. 실제로 아이는 컴퓨터를 못하게 하는 아버지를 피해 동네 피시방을 자주 들락거리는 등 아버지가 원하는 규범적 태도에서 점점 멀어지고 있는 상태였다. 나는 검사소견을 말하는 상담 자리에서 이런 면들을 자세히 이야기해 주었다. 아이의 장점과 가능성, 아버지에게서 받는 스트레스와 내적인 도피 심리, 이에 따라 부모자식 간에 어떤 관계 형성이 필요하고 학업 지도는 어떻게 해나가야 하는가를 설명했다.

상담 중 깜짝 놀랄 일이 있었다. 내 말을 듣던 아이가 갑자기 펑펑 눈물을 흘리는 것이었다. 상담 중에 아이가 우는 경우는 드물다. 자기 심정과 고민을 너무 잘 대변해 주자 그 동안 쌓였던 슬픔이 복받쳐 오른 것이었다. 이후 보다 자세한 상담을 통해 아버지도 변화되기 시작했다. 그 동안은 자기 아들이 능력도 없고 주위가 산만한 아이로만 알았다고 했다. 그런데 아이의 뛰어난 선천성을 알게 되고 자기 태도가 아이의 학습 부진에 끼친 영향도 알게 되자 아버지부터 적극적인 행동수정에 나섰다.

이런 바탕 하에서 우리는 구체적인 솔루션에 들어갔다. 우선 아이와 부모 함께 충분한 대화를 거쳐 과학고 진학을 추천하였고, 왜 그것이 적절하고 필요한 선택인지 동기를 부여하는 데에 힘썼다. 그리고 아이에게 읽기 능력과 깊이 있는 사고력을 키우기 위해 좋은 책들을 추천하고 올바른 독서 방법을 지도했다. 당장 학교생활에 재미를 붙이고 학습 성취도를 높이는 것도 필요하기에 노트 필기법을 비롯해 구체적인 공부 방법을 제시해 주었다.

강상호 군은 매우 좋아하면서 우리의 솔루션을 적극적으로 따라왔다.

관리가 시작된 지 며칠 만에 벌써 얼굴 표정부터 환하게 밝아졌다.

　아버지에게는 운동을 좋아하는 아이를 위해 조금만 시간을 내 어떤 운동이든 함께 해보라는 조언을 했다. 내 개인적인 경험도 함께 들려주었다. 나는 우리 아이가 어릴 때부터 공놀이 등 작은 놀이라도 같이 놀아주었고, 특히 친구들과 있을 때면 나도 또래 친구처럼 어울려 함께 시합을 하고 시합 후에는 먹을 것을 사주며 격려를 하곤 했다.

　아이들은 어릴 때 부모가 동등한 입장에서 놀아주고 자기가 좋아하는 관심사를 인정해 주면 깊은 안정감을 얻는다. 부모가 자기를 믿고 있다고 생각하는 것이다. 그렇게 되면 아이 또한 부모의 말과 행동을 신뢰하게 된다. 그럼으로써 학년이 올라가고 자기 고집이 생길 나이가 되어도 부모의 조언이나 지시를 잔소리로 듣지 않고 경청하게 되는 것이다.

　다행히 강상호 군의 아버지 역시 우리의 상담과 솔루션 제공에 깊이 공감하였고, 아이 이상으로 자신의 행동수정에 솔선수범하였다. 아이가 눈물을 흘렸을 때에 누구보다 충격을 받고 반성한 것이 아버지였던 것이다.

　현재 강상호 군은 과학고에 진학한다는 목표의식이 분명해져 매우 적극적으로 공부에 임하고 있다. 원래 뛰어난 자질이 있는 아이였으므로 스스로 자기 특성에 맞는 공부 방법도 찾아내면서 공부에 재미를 붙이고 있다. 부모 역시 뒤늦게 발견한 자식의 재능과 열성에 기뻐하고 있다. 아이들은 누군가(전문가)가 자신에 대해 객관적이고 과학적으로 분석하여, 본인의 강점과 약점을 정확히 파악하여 그에 맞는 해결책을 주면 변화의 속도가 빠르다. 학생 본인도 놀라고, 나 또한 보람을 느낀다.